脱稿演讲的艺术

原炜飞〇著

U1070658

辽宁人民出版社

图书在版编目（CIP）数据

脱稿演讲的艺术 / 原炜飞著 . —沈阳：辽宁人民出版社，2017.9
ISBN 978-7-205-09070-8

Ⅰ . ①脱… Ⅱ . ①原… Ⅲ . ①演讲—语言艺术—通俗读物 Ⅳ . ① H019-49

中国版本图书馆 CIP 数据核字（2017）第 199000 号

出版发行：辽宁人民出版社
地址：沈阳市和平区十一纬路 25 号 邮编：110003
电话：024-23284321（邮 购） 024-23284324（发行部）
传真：024-23284191（发行部） 024-23284304（办公室）
http://www.lnpph.com.cn
印 刷：北京中振源印务有限公司
幅面尺寸：170mm × 240mm
印 张：14
字 数：216 千字
出版时间：2017 年 9 月第 1 版
印刷时间：2017 年 9 月第 1 次印刷
责任编辑：冯 莹 蔡 伟
装帧设计：十 三
责任校对：赵晓丹
书 号：ISBN 978-7-205-09070-8
定 价：38.00 元

序言

PREFACE

脱稿演讲，是现今最受欢迎的口头演讲方式，是所有口头演讲中最独特的精神享受方式。它所绽放出来的灼热光芒，促进了口才培训的发展。它不仅是一门精致的口才艺术，还给人带来一种无法抑制的、波澜起伏的内心涌动。

世上并没有天生的演说家。脱稿演讲与读稿演讲相比，难度系数更大。但它并不是一门闭锁的艺术，并非像有些人所讲的只看天赋，而是需要后天学习、反复训练和琢磨，从种种失利中总结经验，达到能够熟练背诵稿件的程度，再加上声音的美化处理以及煽情的语言才能完成。经验对每个人的成功都非常重要，即便是世间最优秀的口才训练方式，也不可能把经验训练出来。俗话说“吃一堑，长一智”，经验得靠自己体会、琢磨和总结。要获取经验的话，你必须得耐下心来，不管这中间有多少困难。所有的付出都不会白费，时间是最公平的，当你累积到一定的程度后，你的能力会发生改变，演讲时你也会变得从容自如，甚至能掌控整个演讲现场。这个时候你就会发现：原来演讲这件事并非想象中的那样艰难。

脱稿演讲表现的是演讲中最高级的策略与智慧。哈佛大学最杰出的心理学教授威廉·詹姆斯曾写下六句激励人心的话："几乎不论任何课程，只要你对它满怀热忱，就可确保成功。倘使你对某项结果足够关心，你的目标自然会达成。如果你希望做好，你就会做好。假若你期望致富，你便会致富。若是你想要博学，你就会博学。只有那样，你才会真正地期盼这些事情，心无旁骛，而不会费许多心神再去胡思乱想。"这六句话对每个读到它的人都产生了深远的影响，它们就像阿里巴巴勇探宝穴的开门口诀一样。

也就是说，只要你想着自己能够脱稿演讲，这目标自然会达成。也可以说它是一种强大的精神力量，具体到让你有欲望、热忱、毅力、勇气等，可以督促着你朝目标前进。只要拥有强大的精神力量，就能越讲越从容、自在，就能从众多演讲者中脱颖而出，就能更加自信、镇定，就能牢牢掌控自己的人生，实现人生的美好价值。

尤其是在当今这个竞争激烈的时代，人人都想拥有卓越的口才来成就自己美好的生活和事业。因为谁都知道口才好、会说话的人，能拥有好人缘，在职场里无往不利。但是口才不是与生俱来的能力，需要后天的培养和训练。尽管在培养和训练的过程中，每个人的情况都不一样。然而，不管是哪一种情况，每个人的口才表达，每个人的灵性觉悟都拥有无限的潜能。每一种潜能都有可能被激发，因为人总是具有无限的能量。脱稿演讲的使命就是要依托训练有素的练习，依托文化的积淀，通过亲身体验激发潜能，焕发灵性，让演讲拥有穿透人心的感染力。因为脱了稿子，不被稿子所束缚，就必然会打开心扉，用心去讲，就能讲到听众的心里面去，这是脱稿演讲的独特魅力。

脱稿演讲不仅是一种实用性的艺术，更是具有综合性、倾向于主观精神的艺术。阅读本书，你将告别对读稿式演讲的依赖以及对脱稿演讲的不安，让你开始一段非凡的旅程。这是一段最终实现你所期待的艺术之旅，是人人都可以拥有的成功！

目录

CONTENTS

第一章 绪论

何为脱稿演讲

脱稿演讲顾名思义，就是演讲不要照稿念，要脱稿。这也并不是说完全不能看讲稿，而是尽可能地不要照稿念，要运用“讲而非读法”。这种方法就是在演讲前，事先准备好演讲稿，用心理解，知道讲些什么，在演讲时不要照稿念，而是脱稿讲。

这种方法早在20世纪50年代初便被人使用，当时担任上海市市长的陈毅，有一次在上海文化广场作报告，被著名导演黄佐临发现他拿着的“讲稿”是张白纸。陈毅市长的演讲，一向是深受上海人民欢迎的，这次也不例外，台下不时响起热烈的掌声。会后，黄佐临就不解地问陈毅市长：“陈老总，您怎么用一张空白的稿纸啊？”只听陈毅笑着回答说：“不用稿子人家会讲我不严肃，信口开河。你们做戏，我也做戏嘛。”也就是说，脱稿演讲也是可以有“稿子”的。

如果没有把握就信口开河、乱发言，只会让自己的思维更乱，让整个演讲都难以进行下去。提前准备好演讲稿，可以完善自己的逻辑思维，充分掌握演讲稿中的要点。只是在讲的时候，不完全依赖稿子，不照本宣科就可以。但是在某些重要的场合，例如要传达上级指示的重要文件或者重要通知时，就不宜脱稿讲，而应采取照稿宣读的方式，既可以表示内容的重要性，保持气氛的庄重，又可使演讲者逻辑严密，措辞准确，无懈可击。也就是说“讲而非读”，并不意味着不顾演讲内容、目的，不分场合一律要求脱稿即兴发言。

只要发言之前把事先准备好的演讲稿或者发言提纲放在讲台上，这既可以表明演讲者郑重其事，态度认真，准备充分，也更容易取得听众的信任和好感。就像陈毅同志，他非常了解听众的心理，尽管作为文武双全的杰出的革命家，他不用稿子便能够出口成章，但为了让自己看起来很严肃，强化劝说效果，他就“做戏”式地用空白稿纸代替讲稿。

当然，我们不可能机械地模仿陈毅的“做戏”手段。但是为了打动和吸引听众，为了使演讲能够顺利进行，演讲前一定要精心准备，写好演讲稿，或者打好腹稿。这样可以增强演讲者的自信心，也可以让自己安心，比如说偶尔忘记发言内容时，能够随时翻阅。

尤其是有经验的演讲者都体会过：一次脱稿讲胜过十次照稿念。脱稿演讲不仅能提升个人的演讲魅力，也是一个人综合实力的体现。现如今，举国上下纷纷响应十八大后中央领导们所提出的开会不要照稿念的倡导，事实上脱稿演讲并不仅仅是领导干部会前议后的事情，它是我们每个人都应该修炼的能力。因为在我们的日常生活中，经常会遇到需要当众演讲的情况，比如说报考公职岗位时的面试、提拔竞聘时的述职报告以及对产品的推销等，都需要具备这种脱稿演讲的能力，它可以让你迅速赢得他人的好感，受到赏识和信赖。

所以说脱稿演讲非常重要。而事实上，每个人都具有这种潜能，只要你不是哑巴，能演讲，怎么就不能脱稿演讲？说到底，脱稿演讲也是讲，只不过万事开头难。演讲开始之后，可能你通向成功的道路依然很漫长，这时刻考验着你的恒心和耐力。因此，在真正能够脱稿演讲之前，必须要有毅力坚持下去，只有坚持才会有收获。在坚持的过程中，偶尔溜了神、开了差，或者急于求成，用了不踏实的方法，也不用太纠结，要沉得住气，改过自新。要有从头再来的勇气，重新去学习、去琢磨、去练习。要抓住一切机会，因为机不可失，时不再来。比如说当你参加了培训的课程，接触到了一些新的知识，你有可能会有一些新的感悟，但那可能只是灵光一闪，如果不马上进行实践，就有可能忘掉。另外，如果你遇到一些还不能够掌握透的东西，不要着急去实践，而是应该用心去感悟，直到理解通透了，再去练习。否则“拿过来用”自己都会觉得别扭，在听众面前更会不自然，还不如不用。反倒是实实在在地以自己的方式、用自己所掌握的东西去讲，会更好一些。

要知道，最打动人心的东西，往往是发自内心的真实的东西。脱稿演讲就是要真实，最起码也要让听众听着是真实的。只有真实的东西才能经得起考验、琢磨和推敲。这是脱稿演讲最大的魅力——首先给听众以真情实感。美国哥伦比亚广播公司“早间新闻”播音号、哥伦比亚广播网“奥斯古德”系列主讲人曾深有体会地说：“念稿子远不如演讲好，后者是发自内心的。即使它显得不够流畅，但效果反而好。”捷克女学者卡尔瓦·绍娃也专门对此进行过研究，然后指出：“脱稿讲比照稿念节奏更为从容、自由，更容易达到声情并茂的状态，使人感到生动形象、通俗易懂、乐于接受。”

有这样一件事。有个周日我去大哥家，大哥家的小女儿上了五年级，正在书房准备周一参加升旗仪式的演讲。我问她准备得怎么样，她拿起稿子高兴地念给我听，当她念到中间的时候，我就接着把下面的给她说出来了。她非常惊讶地问我："你怎么知道的？"因为这篇稿子是大哥给她写的。三十年前，我上小学三四年级的时候，有次参加五星红旗下的演讲比赛，我缠着大哥给我写了这篇演讲稿。"可是……"小侄女扳着指头算，"这么多年了，你怎么还能记得这么清楚？"经她这么一问，我自己也有点讶异，却听大哥笑嘻嘻地对他女儿说："因为当年你姑姑的小学班主任为了追求完美，为了与众不同，要求她先把稿子背熟，她就整天地背呀背。我也帮她一遍一遍地演练背诵，以至于她烂熟于心。"

是啊，当年确实是这个情况。但令我们没想到的是，过去了大半辈子，我们竟然还能够把那些话完完整整地背出来。

由此可见，脱稿演讲比照稿念的记忆效果要好。不仅能够锻炼口才，还能增进记忆，将这些要演讲的内容化为自己的东西，也才能够让听众感觉到你的演讲是发自内心的真实感悟。演讲者应该是个很有思想和见地，同时意志又自由的主宰者，而非噤若寒蝉或满口假话套话，任由文字摆布的木偶。

这样的演讲就好比在做口头宣传，宣传者可以随意发挥，只要不跑题，宣传者与被宣传者就能进行思想和情感上的有效沟通，沟通效果自然会好，自然能够很容易打动听众。同样，在不被演讲稿束缚的情况下，演讲者就会在进入演讲的状态之后逐渐放松自己，保持心情愉悦，讲出自己真实的感受，是什么就是什么，不存在伪装、假设，每一句都是实实在在地向听众讲述，完完全全地向听众敞开心扉，以情真意切打动听众。

我记得前阵子，爱人陪儿子参加电视台举办的“萌宝奇兵”的决赛，活动结束后，会要求家长发言。他素来不擅言谈，让我给他准备决赛后的发言稿。谁知，当爱人拿出发言稿时，电视台的记者却对他说：“不要念，把你的真实感受告诉大家。”爱人怔了下，于是开口演讲，从带孩子参加初赛到复赛，再到眼下的决赛，他讲着一路走来的紧张和欢笑，把陪伴孩子的欣悦和不易、感恩和激动一点一点地倾诉出来。话音一落，四周掌声如雷，他所讲的正是所有家长的共同感受和体验，所以他的发言非常成功。

这是种特别激动和美好的感觉，唯有脱稿演讲才能够使我们享受到。就好像即便你对咖啡的知识了解得很多，也比不过喝上一杯香浓的咖啡，感受它的芬芳在我们唇齿间萦绕来得真实。

我时常想，脱稿演讲像极了美味的咖啡，它就是为了让我们享受演讲的愉悦而产生的。在我们的日常生活中，谁都离不开脱稿演讲，谁都有可能进行脱稿演讲，随时随地，发表恰当、真实的演讲，博取他人的赞赏，赢得他人的喜欢。谁都可以品尝到这种甜美的滋味，享受到它真实的快乐。

脱稿演讲与读稿演讲的区别

脱稿演讲和读稿演讲相比，更加真实和感人，更加有思想和灵性，带来的演讲效果更好。

为什么呢？首先，因为脱稿演讲可以不受稿子约束，能够畅所欲言，便于与听众沟通、交流，进行有效的互动，拉近与听众的距离，赢得听众的信任。因此这样的演讲效果会更好，更有胜算。

就像前不久看到过这样一篇文章，想必很多人也都看过，题目叫《莫言脱稿演讲会更好》，作者是中山大学中文系教授、博士生导师，著名文学批评家谢有顺。文章是对莫言在领取诺贝尔文学奖仪式上演说的评价。文章说："我看了莫言发表获奖演说的视频，他找到了一个聪明的角度讲故事，演说质朴、诚恳，西方人亦能听懂，同时也巧妙地为自己的种种立场进行了辩护。他所要强调的是他是一个作家，是一个讲故事的手艺人，并以此向这一伟大的说书传统致敬。他在演讲中重点谈论的母亲与童年，既诠释了自己的写作源泉，也展露出了一个作家最打动人心的部分。但听完他的演讲，我感觉有些不足。既然名为'讲故事的人'，且内容也由故事所组成，莫言应该脱稿演讲，具体示范他是如何讲故事的。可他完全念稿，语调拘谨，这就只是‘读’故事，而并无‘讲’故事者的魅力了。以我对莫言的了解，在如此庄严的讲台前，他本可以讲得更好、更有力度。因此莫言的这次演讲，多少有点遗憾。”

看到这篇文章时，我特意去找了莫言的演讲视频来看，看着看着就想起谢教授的这篇文章。正如谢教授所言：莫言如果能脱稿演讲，效果会更好。这就是脱稿演讲区别于读稿演讲的魅力。

脱稿演讲者，从开始准备走向讲台，他的周身上下，就已经调整到了演讲的状态，等到站在演讲台上，微微颔首、致意、微笑，还未出声，便已有魅人的气场弥漫开来，萦绕在他的周围，使听众都能感到舒畅。尤其是他那温柔、热情的眼神，吸引着听众不由自主地去靠近，靠近那份温馨且舒适的感觉，慢慢地心神沉稳下来，进入到倾听的状态。而演讲者的演讲更是平易近人，极易使人信服。这样的演讲到最后往往身心合一，光芒四射，散发着强烈的活力和感染力，将听众深深地打动。因为这样的演讲，能够迅速融入听众之间，被听众接纳，彼此间产生共鸣。

能打开听众的心扉，被听众所接纳，是每一位演讲者自始至终的追求。为此，他们曾经努力了很久，克服了无数的困难，也尝试了各种可能性，到最后才发现唯有将心比心，对世上的任何人和事都抱以理解、赞赏和认可的态度，比如说和听众进行近距离的接触，带给听众亲切感，才能够唤起听众友好热情的回应，彼此间产生共鸣。而在脱稿演讲中，完全可以实现这种和谐的共鸣。因为演讲者的眼睛可以不用看稿子，能够一直看着听众，和听众进行有效的眼神交流，察言观色，根据听众的情绪变化，及时调整自己的思路和语言，让眼睛去演讲，去传情达意。而不用拿稿子、完全解放出来的双手，则可以配合着演讲，做出丰富有力的肢体动作，来加强演讲的语气，赋予语言以动态感，使演讲更加有声有色。也就是说，这要求演讲者的心里和眼里只有听众，始终对所有的听众都微笑着。这种无声的语言，常常能够表达出有声语言所不能表达的真情实感，比有声语言更生动、形象、逼真。

其次，演讲不能一心二用。好友李娜对此深有体会，她是一家物业公司的高管，业绩很好，曾经被电视台采访，反响很大。后来她被推荐参加公司里的一次演讲，但却反响平平。因为她是读稿演讲，尽管内容也是她曾经在电视台说过的那些感人的真实事件，但因为读稿子时脑子要高度集中地去看文字，逐字逐句地念，因此她并没有把那些字句里的情感讲出来，所以她的演讲听上去平平淡淡，不能打动评委。而当年在被电视台采访时，让她想说什么就说什么，她就讲得很尽情、很用心，讲到欢快处让人如沐春风，讲到纠葛时让人莫名心疼，整个访谈里的演讲散发着强大的感染力。

所以说，读稿演讲有很多的限制、规则，如稿子讲究结构严谨、语言准确，并且有字数限制，不能超时。因为时间有限，所以不能随便插进即兴语言，也不能随意停顿，使演讲者根本无暇顾及听众的情绪。有时候文稿内容甚至与自己的观念相左，自己读出来会心不由己。但是如果脱稿演讲就自在多了，只要有个大概提纲，在讲的时候把握住主题，就可以进行现场发挥，也可以根据听众的回应与互动，恰当地调整自己的思路和时间。这是脱稿演讲中最大的好处。演讲声情并茂、深入人心，不仅可以展示演讲者十足的信心、与众不同的亲和力和沟通力，也可以向听众表示自己足够的尊重和热爱。

直至今日，人们仍然对2012年11月15日总书记习近平首次亮相发表的“就职演说”津津乐道。他的语调沉稳、语气亲切，没有提大的政治口号、方针政策，使用的是非常平实和通俗的语言，彰显了习近平总书记的亲民，包括对人民的爱，对责任的牢记，对未来的信心。这种极富人情味的演讲，立刻博得了满堂彩。就连英国广播公司（BBC）都评论这个演讲体现了新的演讲风格，让人听着不累、舒服、有劲，给人一种清风拂面的感觉。

习近平总书记就是利用脱稿演讲的独特魅力，把面前的演讲现场变成了平和的交流现场，让整个气氛活跃起来，让整场演讲温暖民心。这样的演讲被誉为“中国好声音”，是再贴切不过了。试想一下，还能有哪一种声音比它更能温暖人心，温暖这个世界？不仅仅是我们的同胞，全人类都能感受到它的温暖和力量。

而只有脱稿演讲才能体现这种魅力，因为脱稿演讲本身不仅亲切、接地气，还能增加人气。听这样的演讲，也就成了一件特别让人舒心的事情。如果所有的公职人员都能讲出这样贴近时代、贴近民心的话语，那么一定是让众人欢喜的。

如今，大家已经意识到脱稿是口才演讲发展的必然趋势，以往那个“念稿时代”已经成为过去，个性鲜明的脱稿演讲已经成为当今时代的主流，成为一种时尚。

我们的生活、工作、事业等方方面面，几乎都需要脱稿演讲，特别是从事口才工作的人，更需要进行脱稿训练。我们需要把对口才演讲的培训，发展到对演讲艺术生命的发扬光大。当然，脱稿的过程并不是那么容易的，需要耐下心来，按照正确的方法，经过充分而刻苦的训练才能够成功。成功地拥有一种更通透和智慧的演讲口才，可以让大家在充满魅力的演讲中领悟口才艺术的真谛。

脱稿演讲就是这种最艺术的演讲。脱稿并不意味着完全不用写稿子，而是不依赖稿子。因为脱稿演讲也是演讲，不是普通的交谈，所以还是需要稿子，需要提前整理好自己的逻辑思维，否则许多演讲的妙趣和智慧会因临场的匆忙发挥而不能完美地体现出来。

还有，脱稿演讲的训练应该多“走出来”，不能自我封闭。因为脱稿演讲不是普通的演讲，需要认识社会、融入生活，对生活中的人、事、物，都能用心感悟、体会，对自然界的一草一木都能赋予人类的情感、思想。这样的演讲才能使声音动听，才能感染听众，给听众以启发。就像季节的更替，经过冬天的沉淀，春天来了，生命开始涌动，该发芽的发芽，该开花的开花。演讲者只有多走进生活，走进广阔的大自然，多阅历、多体验、多感悟，才能更好地去观察生活，才能多角度地去思考和体会生活中经历的一切，才能感悟人生、感悟生命。因为只有生活是真实的，是丰盈且永不枯竭的，会给演讲者的脱稿演讲提供丰富的素材，这些素材一旦被用心地开发出来，就不会无话可讲，就可以提升演讲者演讲的能力。

成功的脱稿演讲都是这样得来的。

脱稿演讲的艺术性和实用性

脱稿是一种能力，演讲是一门艺术。

脱稿演讲的这种口头演讲方式，实质上就是语言艺术的最高体现。因为这种方式让你不管在哪种场合，都能够意到口到、脱口而出。而且还能将听众打动、征服，让听众暗暗钦佩演讲者的妙语连珠，钦佩演讲者学识渊博、能力强、有魅力。

这种演讲的语言艺术，决定了脱稿演讲是迄今为止最受欢迎的演讲方式，是我们生活当中必不可少的一部分。它可以与我们身边任何一件事物相联系，碰撞出精彩的火花。当然这并不是指语言要有多精彩。曾经在年少的时候，我也喜欢用华丽的辞藻，以为最华丽的就是最好的，最能打动人心的。为此，我花费了大量的时间和精力去搜集华丽的言辞。然而当经过了一段时间，那些光鲜的外表渐渐褪去之后，回想那些使用过的华而不实的词语，我才发现有些词语甚至词不达意。自己像囫囵吞枣似的，对其一知半解，要多肤浅有多肤浅。所以那些词语自然无法真正地被留存下来。

也就是说，语言的艺术并不需要多么华丽的辞藻，并非是言辞华丽的人就有魅力。那么什么样的演讲，什么样的语言才蕴含艺术的魅力呢？生活中我们常见到那些能说会道、侃侃而谈，走到哪儿说到哪儿，别人只有听的份的人，但是这种人不见得有多大魅力。真正的魅力是出口成章，最重要的不在言多，而是在于能否打动人心。哪怕是三言两语，也能把听众征服，这才是真正的魅力，真正的艺术。

演讲的艺术真的很奇妙，脱稿演讲就是深谙演讲之道的艺术。从开始到结尾，每一句话、每一个表情、每一个动作，就像这世上的每一朵花、每一棵草、每一座高山、每一片大海一样，都有它们存在的意义。脱稿演讲完全能够自如地将它们展现出来。

虽然演讲的方式有很多，每个演讲者都在寻找适合自己的演讲方式，每种演讲方式都有它的独特之处，但只有脱稿演讲是所有演讲方式中最有艺术魅力的演讲。脱稿演讲的成功，在于演讲者能否沉得住气，能否脚踏实地，能否自如地驾驭心性，从而达到理智地掌控这种脱稿演讲的境界。但掌控并不意味着我们就能完全理解这种演讲，它的艺术性和实用性，只有亲身经历过后才能真正地了解和感受。

不管你有多聪明、多智慧、多能干，脱稿演讲首先要敢讲，要有去讲、去表达、去倾诉的欲望，然后才能充满自信地作从容淡定的演讲。其次要能讲、会讲、有话讲、有条理地讲、有技巧性地讲。最后，要讲得有说服力、感染力。其间，除了掌握一些基本的、重要的、可操作和可转换的说话技巧，每一个演讲者都要具备丰富的知识，要有足够的智慧、敏锐的意识、自由驾驭的能力。而且越想引起听众的注意，越要出人预料，也就越能激发起听众的兴趣，挖掘出自己的潜能。当然最重要的还是潜能是否突破了固有的极限，创造出人生的快乐与幸福。

你只有感受到这种演讲的幸福和快乐，才能让你身心愉悦，充满力量，充分地享受演讲艺术。

演讲不易，脱稿演讲更不易。演讲者的所有努力都是为了使自己的演讲充满魅力，使演讲的生命力变得更强，也为了启迪心智，带给人力量。虽然说可以在短期内，经过强化训练使问题得到突破与解决，从而跨进一个重要的门槛。就像我们学习某项技术，在三两个月、一个月甚至更短的时间内，便可以掌握这项技能的基本程序、技巧，但这也只是勉强可以开工，因为功底不深。若要想自己的演讲充满能量，就要钻研透听众心理以及演讲技术，掌握得扎扎实实，然后才能不断地沉淀、升华，不断地达到一个又一个的高度。

脱稿演讲本身就是一项艺术，每个演讲者的脱稿都有其独特的魅力。他们不停地学习、不断地参加训练、不懈地追求完美的演讲，把所有的心思都用在脱稿演讲上。比如用心地去看书学习、去参加训练，甚至在和别人交谈的时候，也时刻察言观色，学习别人演讲时优雅、礼貌的仪态和巧妙的用语，时时刻刻向他人学习，掌握一切可以提高脱稿演讲水平的细节，精益求精。可以说，心思用在哪里，就可以在哪里获得成功。

即使不可以一蹴而就，你也会有所收获。就像我曾经看到的一段话：“即使目前的你无法做到像成功者那样坦然自若地侃侃而谈，也不要紧，只要你克服心理障碍、系统全面地提升语言表达和叙述能力，有朝一日，你也可以在各大场合，面对各色人群谈笑风生，成为像成功者那样的脱稿演说家。”也就是说，谁都可以成为像成功者那样的脱稿演说家，只要你勇于打开心扉，勇于追求自己的梦想，就能提高自己的口才实力。只要你愿意坚定信心，能够坚持下来，就一定会有所收获。在现代社会中，能够脱稿演讲，是每一个现代人都应该具备的重要素质。

这是时代的召唤，因为社会发展到今天，人们在完善了演讲技巧的基础上，更有了对艺术的追求。在对艺术的追求过程中，也许有人曾经因艰辛而心生倦怠，然而却不得不承认脱稿的艺术魅力。就像不久前，我们单位在举行演讲竞聘时，明确要求演讲者脱稿演讲。新履职的门市部李主任演讲到中途，因为之前对脱稿演讲没有重视，没有提前熟悉稿子，所以在语言组织上数度出现啰唆、吞吐的情况，最后只得拿出稿子把后面的话讲完。接下来，她在目睹了其他同事精彩的脱稿演讲和各自展示的能力后，才意识到自己的不足。

只有经历过、对比过之后才能明白区别在哪里，应该如何坚持。其实每个人的能力都差不多，那些人之所以能够脱稿演讲并且讲得非常成功，是因为他们的坚持。没有几个人天生能够站在人前毫不怯场，敢于当众发言，更多的人则需要经过锻炼才能达到。因为每个人的成长环境、文化程度、生活阅历、职业都不一样，但能够在众目睽睽之下镇定坦然、从容发言，一定需要良好的心理素质、语言能力和随机应变的能力。

所以，脱稿演讲要求我们坚持学习、训练，这也是我的亲身体验。作为一名孤儿，我小时候受尽冷落和白眼，孤僻又自闭，不愿意和人多演讲。后来越躲避越不想和人演讲，越害怕和人演讲。每到必须要和人演讲的时候，我都会紧张不安、面红耳赤、语速加快，想赶快结束演讲。谁知参加工作后，我却阴差阳错地走上了销售的岗位，简直是赶着鸭子上架。好在我的领导和同事们都很理解我，热情地帮助我、鼓励我，让我逐渐觉得只要敢仰起头来开口演讲，一切皆有可能。阻碍我演讲的心理因素就是害怕当众演讲。只要敢去讲，就迈出了一大步，不管讲得好与坏。在克服了心理障碍之后，同事们介绍我参加销售口才的培训，老师针对我的情况，给我制定了一系列的训练计划，通过那些有计划的训练和学习，我对自己产生了信心，开始一遍遍地去背诵那些产品介绍，开始大胆地去演讲、去推销。我开始相信自己，只要肯学习、肯刻苦训练，就一定能讲好。同时我也发现普通话讲得好不好，并没有多大的关系。因为有几次我和顾客交流的时候，讲着讲着就带出了方言，有位顾客始终含笑地望着我，还问我是某某地方的人吧，说那里有许多好玩的地方。他们对我非常尊重，认为我这个人非常真实，讲得实在。

我深深地体会到了脱稿演讲的好处，除了给人直抒胸臆之感外，可以面对面地与客户进行沟通，使客户觉得真实可信，愿意倾听，愿意与我们进行洽谈；还可以优先得到客户的认可和赏识，为我们的销售工作锦上添花！

这种能力可以成为你手中握着的一把万能钥匙，随时随地打开通往外面世界的大门，让你拥有成功的机会。不管你从事什么样的工作，只要学好这种表达方式，熟练运用好这种工具，生活就会有很多的改变。尤其是当它成为你的优势时，你自然就可以征服周围的人，征服你置身的这个世界，成为人中龙凤，你的工作、生活就会一帆风顺。

有什么理由不去好好学习，坚持练习脱稿演讲呢？脱稿演讲发展到今天，已经成为演讲与口才发展的必然趋势，已经呈现出勃勃的生机和灵活自由的精神状态，具有独特的、穿透人心的魅力，像阳光一般给你温暖，让你灿烂地绽放。

人人都喜欢这样的脱稿演讲，因为彼此之间尊敬、信任、坦诚，讲的都是些有血有肉、真情实感、生动有趣、诚恳实际的话。这样的演讲自然而然地营造了演讲者与听众之间的和谐、融洽的氛围，这就是脱稿演讲最实用的意义。

第二章

培养强大的心理素质

演讲前要准备充分

要想成为脱稿演讲的高手，就需要对脱稿演讲有一个从感性到理性的认识过程。你只有拥有内在的理性，才会有主心骨，才能有底气作脱稿演讲。这份内在的理性，就是提前做好脱稿演讲的准备。除了某些必要场合的即兴演讲，在大多数的情况下，脱稿演讲是一场准备充分的演讲。

丘吉尔曾经说："如果给我五分钟，我提前一周准备；如果给我二十分钟，我提前两天；如果给我一小时，我随时可以讲。"这足以证明准备工作的重要性。而生活中的我们，其实不管做什么事都得花心思，都要有悟性和灵气，想出最好的台词，让自己做好这件事。

脱稿演讲更是如此，务必提前准备好演讲内容，清楚要讲的材料，并且对这些材料进行过滤、组合、排列，以便在演讲的过程中能够灵活运用。一般来说，准备演讲的过程，就是对自己各方面的砥砺，演讲者除了应该具有丰富的演讲知识、丰厚的涵养学问外，还要注意演讲形象，注意提高演讲的感染力。

在单位举行的一次演讲比赛中，我曾经听到过一段对话。当时比赛还没有开始，我和同事们正在赛场忙着比赛事宜，就听到身边有个声音说：“一会儿开始讲的时候，你一定不要慌。”另外一个声音却轻松地说：“不用担心我，我早已经准备好了。”我不由地扭头看了他一眼。然后他演讲的时候，更加引起了我的注意。因为他一步步走上台来时成竹在胸，全身上下散发着非一般的气场，对演讲现场进行了有效的控制，无论从形象还是到言谈举止，他都已经做了细致充足的准备。尤其是他还未开口讲一句话，脸上却已是笑意盈盈，那么平易近人，轻易地拉近了和台下听众之间的距离，首先给了人们一个好的印象。这是增强吸引力不可或缺的一点。别小瞧印象，印象是给人的第一感觉。第一印象好，接下来的很多事情都会顺利进行。因为印象是一种心情、一种力量。在给听众好的印象的同时，也强化了个人魅力，彰显出自己的气度、学识、教养和能力。同时也感染了听众，引起听众的注意和兴趣，从而保证演讲的顺利进行。不出所料，他的演讲很顺利、很成功。在演讲的过程中，他心思细腻，面面俱到，始终关注着台下听众的反应，让每一个听众都能感受到他的真诚和善意。

一句话，要想成为一名脱稿演讲的高手，没有什么捷径可寻，必须实实在在地付出，从内到外，提前下足功夫，做好准备。

如果一个演讲者没有提前做好脱稿演讲的准备，那么心里就没有底。就像先前谈到的李主任，她的竞聘演讲留下很多的遗憾和不足。所以不管是在哪种演讲场合，演讲什么，都要认真对待，充分准备好演讲的内容，才能达到要演讲的目的。这份准备不仅要求背诵，还要求提前进行多次的试讲、排练。俗话说“台上一分钟，台下十年功”。试讲的时候也要像正式上台演讲一样，认认真真地对待，要口齿伶俐、读音准确、吐字清晰，并且要进行多次的练习。练习的时候，需要考虑的因素也很多，比如琢磨好每一个字、词、句的发音以及演讲时的表情，还要想好听众的反应。所以试讲练习的时候，要尽量把每个字音都完整地发出来，用心感受每一个字音的效果。

记得多年前，我在练习演讲的时候，就是用录音机把声音录下来，然后自己不断地听，不断地从中找出不满意的地方进行改进，继而再背读。现在人们都不用专门的录音机了，录音的方法有好多种，手机就是既方便又实用的现代工具。大家随时可以掏出手机，把自己的声音录下来，自己先听着，听得舒服了、动情了、陶醉了、受到感染了，才有可能去打动听众。

因为演讲的最终目的就是要打动听众，不管要向听众演讲什么，想让他们接受只有一种办法，就是打动他们。所以在演讲之前，必须把所有的可能性都要想到，然后准备好应对措施，这是脱稿演讲最终获得成功所必不可少的一种能力。

一名脱稿演讲者如果没有提前掌握好一切，特别是听众的情况，那么就不能够准确地打动听众，让听众们接纳、认可。听众们甚至会有所质疑，如果造成这样的局面，演讲者不管讲什么、讲多少、怎么讲，都是没有意义的。

听众就是演讲者的上帝。当演讲者面对听众演讲的那一刻，不能有丝毫的懈怠，要心平气和地站在听众的角度，以积极健康的心态来了解他们的思想情感，坦率地面对他们。从他们的内心需求出发，才能走进他们的心里去。

常言道“知己知彼，百战不殆”。每一个群体，都有自己独特的特点，要想被他们接纳，不仅要了解他们的态度、兴趣、期望，还要了解他们受教育的状况以及职业、职位等。了解了听众的具体情况之后，才好采取相应的方法，包括适当的言语和语气，为听众量身定做一个最合适的、可以打动他们、直抵他们内心的方案，来达到演讲的目的。

因为一场充分准备的演讲不仅是演讲者的一种享受，也是对脱稿演讲最好的诠释，更是对听众的一种责任。作为演讲者，不管我们演讲的是什么，是不是自己熟悉的内容，是不是自己最擅长的方面，都要做最充分的准备。虽然我们一再强调要讲自己熟悉的东西，可是总有些境况、有些工作身不由己。这个时候，我们就有可能面临没有材料、无话可讲的情况，我们就必须去收集材料。特别是那些平时不曾接触过的、陌生的演讲内容，更需要拥有足够的耐心，需要穷尽所能，挖掘出许多这方面的材料供自己选择。即使到最后，大部分费尽心思寻找来的材料也可能用得很少，但那种前期的付出和准备，足以保证我们拥有充足的材料，可以让我们有所收获。

机会总是留给有准备的人。绝大多数的演讲者都需要在演讲前做好准备，即使你曾成功地脱稿演讲过，深谙演讲的方法、技巧、各种窍门，但总会有些特殊的情况出现，让你无法预料。你不能打无准备之仗，不管曾经的成就如何，现在才是最重要的，只有现在准备得充足、完善，才能有成功的把握。

所以说，纵使我们没有办法去决定一场演讲的成败，却完全可以选择如何准备。不要嫌准备的过程麻烦，准备是走向成功的必经之路，足以体现出演讲者自身的素质和修养。懂得了如何准备，也就懂得了如何脱稿演讲，继而才能成功地脱稿。参加过口才培训的学员都知道，提前准备好脱稿演讲，是培训老师一次次强调的。经过准备的演讲才能抓住重点，思路清晰，一上台亮相，就能将听众吸引过来。

正所谓功到自然成，只要有耐心、有恒心，坚持进行有准备的训练，人人都可以脱稿发言，练就任何场合都能意到口到、脱口而出的完美技能。何况在努力准备的过程中，也能体会到提前做好准备所带来的莫大好处。

坚持训练必有收获

在现实生活中，我们做任何事情都不能一蹴而就，直到坚持不懈地训练之后，才能够成功。脱稿演讲亦是如此，它和其他任何事情的成功都一样，需要经过长期的坚持训练，需要承受很多的困难、打击，才能有所收获。

就像我儿时的伙伴小艳，她从来没想过自己可以去做一名口才绝佳的主持人，尽管她非常喜欢听别人侃侃而谈，喜欢看节目主持人的精彩演绎。每一次她都百感交集，既感叹口才艺术的精妙，又遗憾自己没有好口才的天赋。她不仅方言口音重，普通话不好，还遗传了父母的基因，长得又矮又胖。她曾经为自己的长相感到非常自卑，不愿意与人多交往，却偷偷学着节目主持人的样子练习读文章。

上了大学，来自乡下的她在一群活泼的帅哥美女中间很少说话。直到有一天，老师在课堂上叫她起来读篇课文，当时她非常紧张、慌乱，怕自己的乡音遭到同学们的嘲笑，就在她憋得满脸通红站起来时，听到老师温和地对她说："没事，大胆地念吧。"她只得念。不过，念着念着，她就找到了感觉，完全没有了先前的紧张，全身心地投入到那些生动的文字里，忘记了自己的乡音，忘记了自己矮胖的身材。当她念完后，教室里立时响起了掌声，有那么一刻，她觉得自己在众目睽睽之下是优雅美丽、与众不同的。老师还特意表扬了她，说她的朗诵情感很饱满，很到位。

后来，班里或者学校搞活动时，那位漂亮的文娱委员常常向她请教主持稿的朗诵方法，大家都觉得她有朗诵的天赋，却没人知道她曾经暗自下了多少功夫来学习朗诵。后来，学校的工会主席让她加入工会，叫她平时多练习普通话。她看到了老师和同学们赞许的目光，那个年少时的梦想突然如决堤的洪水般，无法抑制。她将自己的梦想和自卑告诉了老师和同学们，他们都鼓励她坚持自己的梦想，外貌是次要的，叫她不要想那么多，只管专心把普通话学好。

于是，在大家一次次热情地表示愿意倾听她声情并茂的朗诵时，她变得乐观起来，努力地去学习普通话，朗诵得更好了。在紧张的学习之余，她还去参加了主持人和口才演讲的培训，那些精彩的演讲一次次地激励着她，促使她满怀激情地坚持练习。

大学毕业后，她到一家广告公司做文员，每天低头忙碌着，但她并没有放弃自己的爱好。业余时间，常常去一家礼仪公司兼职司仪。这期间她也遇到很多困难，比如遭人白眼、看人脸色等。有一年国庆节婚庆公司缺主持人，但是人家看到她来时很生气，直截了当地对她说；“就你长得这个样子也好意思过来，这不是给人添堵吗？”她转身离开后泪流满面。

但她最后还是咬牙坚持下来了，依然坚持学习、训练。参加了多次的主持人培训之后，机会终于来了，有消息说电视台招聘节目主持人，她一路披荆斩棘，过五关斩六将，通过了笔试、面试，最终胜出，如愿以偿地成为电视台的节目主持人。正所谓“宝剑锋从磨砺出，梅花香自苦寒来”，这份工作彻底地改变了她，使她开始变得美丽、自信。

如今，在她身上早已看不到那些自卑的影子。她时刻保持着乐观，坚定着自己的信念，声音也更加美妙，快乐地向我们展示着她独特的口才魅力。她总是带给我们那么充沛的力量，是我们公认的充满灵性的魅力女子，是活跃在我们周围的“成功人士”，是我们学习的榜样。

她让我们看到，一切的努力与坚持都是为使自己更优秀所做的准备。最初的她，从没想过自己有一天能成为一名主持人。如荀子所言：“不积跬步，无以至千里；不积小流，无以成江海。”她就这样坚持着，一点点地进步着，到最后终于实现了自己年少时的梦想。

或许世上的很多事情，我们都无法做到完美，但只要肯努力、肯坚持，到最后总会有意想不到的收获。那些取得成功的人，没有一个不是坚持到最后的。谁更有毅力，谁就更有可能成功。所有的成功都是建立在努力坚持的基础上的。

所以说在脱稿演讲的道路上，最可怕的不是各种各样的挫折磨难，而是自己没有毅力。在一次又一次地陷入绝望的境地之后，必须有依然能够坚持下去的信念。否则连你自己都不够努力，不能坚定地去训练，凭什么抱怨脱稿演讲太难？世上任何事情的成功，都需要有坚持不懈的精神。

就像那个90后“霸道总裁”余佳文，他的事迹让很多人为之敬佩：高一创业，高二卖掉网站赚了一百万元，到大一的时候二次创业，破产后又向朋友借了二十万开始重新创业。2014年，他获得阿里巴巴几千万美金的风险投资。

余佳文之所以如此成功，就是因为他拥有坚定的信念。当“超级课程表”的投资人打电话给他说要撤资时，余佳文面临的是几百个员工的工资没着落，每个月几万元的房租、物业管理费没法付的问题。但他却说失败怕什么，大不了从头再来。这就是他的信念、他的人生。坚定地走着自己的路，无论这路上有多少磨难，都毫无畏惧地一直走下去。成功或者失败，已经不重要，重要的是在选择好的路上坚定地走下去。不管遇到什么状况，始终坚定自己的信念，一步步地，不断地砥砺自己、战胜自己，最终才会走向成功。

因此那些能够脱稿演讲的演讲者，从敢开口到真正地上台演讲，经历过无数次的练习、实践。实践得多了，慢慢地就能脱了稿，形成自己的风格和特色，拥有自己的气场，抵达演讲的更高层次。如果没有坚定的信念，是无法到达演讲的金字塔顶端的。

坚定的信念，是积极向上的人生态度，是从来不会因为任何险阻而黯然消失的能量，是脱稿演讲最终成功的保证。不管遇到什么样的困难，都要有这样的决心，不断地鼓励自己坚持下去，直到可以成功脱稿演讲，享受到成功的喜悦。那将是一件多么快乐又幸福的事情啊！

慢慢积累，慢慢沉淀

我们一再地说，脱稿演讲非朝夕之功，要慢慢来，不能太着急。可惜现在的人们，大多是抱着浮躁的、急功近利的心态，总想着要快点看到成果。

要知道，这世上的任何事情，都不是短时间内可以做到的，脱稿演讲更是如此，更需要慢慢来。因为脱稿演讲需要很多的知识和训练，比如说多阅读、多看视频、多思考、多听讲座、多写、多演讲、多参加特训，等等，都需要慢慢地、不断地积累经验。没有经验是讲不好的，很多的成功者都告诉我们：成功来自经验的积累。积累需要慢慢地来，慢慢地积下来的沉淀才会使你不断地成长。

然后在此基础上，坚持不懈地练习，坚持用心地琢磨，坚持通过一场又一场的演讲来突破、提高自己的演讲水平。演讲真的不是那么容易的事情。就像每个人都会演讲，却不是每个人都能把话讲好一样。能够脱稿演讲，能够讲到听众的心里去是一项很复杂的学问，需要学习、训练、慢慢地琢磨。要先了解人性，了解人的心理，从心理到思维再到情感等方方面面都需要琢磨，需要有针对性地练习，使自己的演讲引起听众的兴趣。

曾经有个口才出众的男孩，从小就梦想着成为一名演说家。为了这个梦想，上大学的时候，他特地选择了播音主持这个专业，而且多次参加学校里的演讲比赛，并获得名次。毕业那年，他满怀信心地参加了当地最大的一场演讲比赛，但听过他的演讲后，有位评委点评道："如果这是场业余的、普通的演讲比赛，你有可能获胜。但是今天的比赛，你是不可能获胜的。我们需要真正有实力的演讲者，不要妄想不积累知识，学习些技巧就能成功。"这位评委的点评使他备受打击，想想自己努力了这么多年，实力竟然还是那么差，还被人认为投机取巧，自己到底还要不要坚持下去？坚持下去会不会有结果？他茫然无措地走回家，回到家之后谁都不理，把自己锁在卧室里。不管家里的人怎么去劝说他，他都躲在卧室里不出来。这时在电视台实习的女友过来了，她并没有说什么安慰的话，而是问他明天下午能不能替她做一下图书介绍的节目，电视台本来安排她来做，可是她明天有事情。他答应后，女友还提前跟节目的徐编导打了招呼。当他去了后，这位热心的徐编导除了告诉他图书介绍的节目要点，还给他讲了许多图书的知识和内容。更让他感到惊奇的还在后面，那一排排的书架上那么多的图书，这位徐编导竟然大多数都读过，被台里人誉为"度爷"。也就是说，遇到什么不懂的问题，不用去问百度，问他就可以。他就是台里的百科全书。徐编导告诉他，不管做什么事情，都要多看书。书读得多了，书里所蕴含的那些无形的思想和精神，就像微电波，可以从内向外辐射你的身心，慢慢地使你的思想变得成熟，读书的作用就能显现出来，让你成为一个实力派。这句话让他茅塞顿开。

在以后的几年里，不管遇到什么不如意的事情，他都很乐观，而且养成了阅读的习惯。阅读使他变得非常有耐心。因为读书得一页页地、逐字逐句地读，如果一目十行，囫囵吞枣，读过之后大脑里就没多少东西可留下。所以说阅读不能太急，不能太快，得沉下心来，用心去理解书里那些复杂的、丰富的知识。

这样过了几年，他又报名参加了一场全国性的演讲比赛。这一次他非常沉静，从初赛到复赛，最后进入决赛，并且很快凭着自己的实力脱颖而出。站在领奖台上，他的内心百感交集，又一次想起了多年前那位评委的点评——不要妄想不积累知识，学习些技巧就能成功。他在心里默默地感谢他。是时间给了他想要的东西，这些年来，他再也不是当年那个追求华丽辞藻，渴望着一鸣惊人的浮躁的年轻人。光阴里的一点一滴已经使他越来越沉稳踏实，已经默默地在为他的成功做出沉淀。所以这一次的演讲，虽然言词朴实平淡，但是读过的那些书、经历过的那些事情，已经使他脱胎换骨，展现出深厚的素养。演讲的时候，他表现得轻轻松松，出口成章。

也就是说，演讲是很难的，是急不来的。尤其是脱稿演讲，需要慢慢地用心琢磨。没有谁是天生的演讲家，每一个脱稿演讲的演讲者的成功，不仅得益于无数积累下来的经验，更得益于时间的积淀。这种感受只有演讲者自己才能感受到，别人是不能够领悟的。就像读书一样，欲速则不达，需要慢慢地积累才能成功。

只要认识字，谁都可以读书，而且谁也都离不开读书，谁也不可能对任何事物都了解，不可能仅仅去讲自己最熟悉的东西。许多时候，由于工作或者生活的需要，我们需要讲一些自己并不熟悉的，不易于把握的东西。在这种情况下，最简单最直接的方法就是阅读。阅读是获取丰富知识的重要渠道，是最好的老师，不仅能使我们扩大视野、增加认识、陶冶情操，还能带给我们莫大的惊喜。但是，走在脱稿演讲的这条路上，光靠阅读也不一定成功。阅读是一种思考，实践是一种落实。除了要多阅读，还要多看视频、多思考、多练、多写、多实践，这些都需要时间，都需要慢慢来。慢慢沉淀下来的那些东西，宛若深藏地下的根系，不为尘世间的一切喧嚣所蛊惑，才能慢慢地生长得粗壮、结实和强大。然后有一天技巧终被超越，境界浑然天成。到那时，你就会明白，慢慢来，真的比较快。

要有成就自我的胆识

能够脱稿演讲的演讲者，既要有胆也要有识，二者缺一不可。因为从一上台开始，演讲者就要掌控全场，要根据听众的反应，随时调整心态，不管遇到怎样的困难、阻挠，都能去化解、去驾驭。具备这样的气场，演讲者演讲就会沉稳、镇定，举手投足之间会流露着震慑人的气势，展现出从容不迫的魅力，吸引着听众的注意力。就像孔子所说：“知者不惑，仁者不忧，勇者不惧”，讲的就是一种有胆有识的气魄。

脱稿演讲的演讲者必定会先锻炼自己的胆识。只有具备足够的胆识，才能够积极地面对各种艰难困苦、勇敢地接受脱稿演讲训练的种种挑战，也才能最终实现脱稿演讲。

记得刚大学毕业的时候，有一次我们上门去推销产品，吃了一次又一次的闭门羹，到最后还被人家大声呵斥，打击得我们都没有了勇气，不敢再去敲门。就像航行在波涛汹涌的大海上的小船一样，不敢再往前走，怕前面有更大的风浪把小船打翻。可是带领我们的组长，看我们都没精打采的、不想再去，就笑笑说他一个人上去试试。我们在楼下等了他好久，以为他会如往常般，乘兴而去败兴而归。谁知这一次，他竟然喜笑颜开地跑回来，还收到了一大笔的订金。那一瞬间我突然明白为什么他以往的业务做得那么好，因为当我们都停止不前的时候，他总会说怕什么，一点都不担心接下来会遇到什么样的困难，依然扬帆前行、乘风破浪。

拥有这样的胆识，比拥有才能更重要。脱稿演讲也是如此，既然它不是一种与生俱来的能力，那么谁都有可能做到。因为大家都受过同等的教育，拥有同样的文化知识。但为什么最后的演讲水平会参差不齐呢？从参加演讲培训的那些学员身上，我发现很多人有不敢讲，或者讲得不好的特点。讲得不好就不能让自己真实的一面得到充分体现，从而使自己错过成为沙中金子的良好机会，真是令人遗憾。

当年我刚做销售工作的时候，也非常害怕，对我的领导说我口才不好，普通话也差，怕讲不好。我记得她当时一本正经地对我说："不是你口才不好，普通话也不是最关键的，关键是你不敢说，只要你敢说就成了。"她说得太对了，完全抓住了重点，我不敢跟人多讲，怕讲不好，怕顾客的提问、刁难，怕别人笑我的方言……这些所有的怕，都是因为自己没有胆识。如果有胆开口演讲，就会讲得非常从容、自如，就能适应各种演讲的场合，充满自信。

大家都知道，敢讲是脱稿演讲的基本要求。只要能够完整地讲完，之后你的心理就会有奇妙的转变，你就可以开始进一步的训练。另外不仅要敢讲，还要有胆有识地讲，这样才能渐入佳境。

每一个能够在台上从容地演讲的人，都是通过反复的实践，将自己的胆识逐渐地训练出来的。只要多讲、多上台，一次次地训练，就算是讲得不太好也没关系，只要积极地坚持下去就会成功。多经历几次，多演讲几遍，就能锻炼自己的胆识。不仅仅是演讲，做什么事情都需要胆识。胆识别人给不了你，只能自己给自己。要让自己有胆量去承担、去追求、去争取。要一遍遍地告诉自己：我可以的，我一定可以的。这样不断地暗示自己，就可以带给自己向上的能量，就会让自己对演讲产生强烈的欲望和兴趣，不再害怕。不管多大场合、多少听众、多么难讲的主题，也可以从容地、大胆地面对听众演讲。你就会发现，这种胆识是那么美丽、那么有趣、那么奇妙。成功脱稿演讲的人，都具有这样的胆识。这种胆识开始释放出能量的时候，思想就会变得更加敏锐，让自己不停地去讲，从而就会做到脱稿演讲。

当你能够站在讲台上脱稿演讲时，就说明你已经经历了种种的训练和考验。脱稿演讲是对胆识最好的训练，因为脱稿演讲需要从第一次开始，一步一步地来。万事开头难，这是最不容易的。古罗马雄辩家西塞罗在谈到最初的演讲时说："感到自己脸色苍白，四肢和整个心脏都在颤抖。"美国演讲家詹宁斯·伯瑞安也说，当他第一次站在讲台上面对听众时，他的两个膝盖颤抖地碰到了一起。著名作家马克·吐温，第一次站起来演讲时，觉得嘴里像塞满了棉花，脉搏快得像争夺奖杯的百米赛跑。政治家路易·乔治说："我第一次试着做公开演说时真是陷于难堪之境。绝不是故意形容，完全是真的。我的舌头抵在嘴的上膛，竟说不出一个字。"英国历史上有位叫尤斯瑞里的首相也曾说，他宁愿领一队骑兵去冲锋陷阵，也不愿在议院发表一次演讲。可见演讲有多不容易，尽管演讲之前每个人都做了很好的准备，但真要到了演讲台上，你会发现现实和你的想象有很大差别，这也是胆识训练的开始。

然后就是不断地训练、实践。俗话说"台上一分钟，台下十年功”，演讲靠的就是平日里下的功夫。每一次都要严肃认真地练习，不要瞎讲乱讲，要在多读、多想、多写的基础上积极参加各种演讲活动。通过各种演讲的练习，来提高自己的演讲水平和能力。当然，每一个初上演讲台演讲的演讲者，都有过方寸大乱、不淡定的经历。一般的脱稿演讲，在开讲之前都会背稿，先将演讲稿背得滚瓜烂熟后再上台去演讲，哪怕你还不会大方地和听众进行互动，只要能把演讲稿背下来，就能脱稿。当然在脱稿的练习中，不要着急，不妨先进行半脱稿的练习，也就是说，只需将演讲稿事先写好，之后也不用将演讲稿背得滚瓜烂熟，只要记住其中重要内容、顺序、关键的数字就行了。上台后，凭着自己的记忆，现场发挥。能够到这个阶段，把最重要的内容讲出来，就是一次很大的进步。慢慢地，你就会胆大起来，从容起来。练习得多了，经历得就多了，就不再害怕演讲过程中的突发事件，就会愈来愈镇定，愈来愈保持良好的心态，不受意外情况的左右，就能够有胆有识地演讲。

这个时候，你就可以沉着地站在演讲台上，抬起头来，满脸笑容，无畏而从容地演讲。你会发现每一句话都有情感，每一个表情都有魅力。更重要的是，听众通过你的表情、眼睛和声音，也能感受到你强大的气场，被这种气场所感染，然后平心静气地听下去。因为你的这种气场散发在整个演讲场地的上空，影响到所有的听众，让听众感受到你的热情，也感受着你的胆识。不管演讲的是什么，这股清澈的透人肺腑的胆识和力量，会刹那间击向听众的心扉，集中起听众的专注力。

胆识就是这么重要，因为在大多数的情况下，演讲者所演讲的内容，听众并非全都能听清，也不可能特别用心地去弄清楚，除非这些演讲的内容是他们所需要的。所以在大多数的情况下，胆识可以使脱稿演讲更加富有激情，更加豪迈和震撼。当这种充满能量的胆识通过声音弥漫在整个会场时，可以引起听众的共鸣，调动整个现场的气氛。这时，你的血液会快速地流动起来，哪里还有什么害怕紧张，完全是激动和兴奋，完全是一场魅力四射的脱稿演讲。当我们达到了这种胆识兼备的境界时，在任何场合下都能保持最佳的心理状态，充分发挥自己的演讲实力，施展自己的才华，从而实现自我价值。

拥有一颗镇定的心

每个人的经历不同，对生活的体验和感悟也就不同，所以你的演讲不可能使所有的听众满意，也不要试图让所有的听众都对你的演讲满意。因为每个听众都有自己的看法和想法，会有意料不到的反应很正常。哪怕是遇到最难缠的听众、最骚动的场面，也要保持镇定。要确保在什么情况下都不动摇，都不忐忑。只有拥有如此强大的心理素质，才能够在任何情况下都从容淡定，掌控现场，保证演讲的顺利进行。

我在第一次参加单位演讲比赛的时候，对比赛特别重视，很用心地查找资料，写了演讲稿，一字一句地琢磨，对声音的高低、语言的情感、演讲的手势等方面，都推敲了又推敲，练习了又练习。然后在比赛之前，我很认真地跟同事们进行了脱稿演讲演练，让他们把我的缺点指出来，帮助我提高我的演讲水平。

于是，当我演讲完之后，大家七嘴八舌地讨论起来，指出了很多的不足，当然好的地方大家也都提了出来。大家观点都不一样，有人认为是优点的地方，有的人却很不满意；有人认为是缺点的地方，有的人却极力支持。我一时不知道该听谁的。就在大家高声争论不休的时候，德高望重的王大姐一拍桌子道："好啦好啦，不要争了，每个人的看法都不一样，讨论来讨论去都是坚持各自的看法。"她对我说："这样吧，反正大家的讨论你都听过了，最后你自己来定。"

其实在演讲中，时常遇到这样的状况，那么多的听众总有不同的见解和想法，这都是很正常的事情。所以这个时候，必须淡然处之，拥有一颗镇定的心，不能被随意左右。不管听众的态度如何，都要有足够的能力来掌控整个演讲现场。如果你无法掌控现场，就无法保证演讲的顺利进行。要想取得演讲的成功，就要任它风吹雨淋、雷霆咆哮，你也自岿然不动。

哪怕是装，也要装得镇定。努力想尽一切办法，来展现出自己最冷静的一面。比如可以采取一些肢体语言：把手放在胸前有力地比画，或者缓慢地走动两步。这些自然的动作，看起来从容不迫，充满了魅力。让你不论处在任何环境里，都不会消沉不安。因为借助某些得体的肢体语言，可以缓解你内心的紧张与拘谨，让身心得到放松。这是演讲者能够使自己的演讲顺利进行的好方法。

所以，每个演讲者在演讲的过程中，举手投足间，都应该拥有镇定的气势。这种气势所散发出来的强烈的吸引力和感染力，足以将现场牢牢地掌控，将听众征服。如此一来，不管现场的局面有多糟，听众的情绪有多低，演讲者都能从容、淡定地完成脱稿演讲。

有一次，口才培训班的李强老师在八一广场演讲，不一会儿下起了小雨。很多听众都没有带伞，但是他们没有一哄而散，依然站在小雨中听，直到李老师演讲完毕。因为李老师站在露天的平台上，演讲得非常投入，非常镇定。虽然天空下起了小雨，虽然有听众喊"下雨了，快走快走，下雨了……”的喧哗声，李老师的演讲也丝毫不受影响，他的身姿挺拔，声音沉稳，从容地望着眼前的听众，镇定地演讲着，直到喧哗的声音沉寂下去，直到小雨渐停，直到听众安静下来。整个广场只听到李老师铿锵有力的演讲声。当李老师的演讲结束后，台下响起雷鸣般的掌声。

后来在听李老师课的时候，听到他再三强调在演讲过程中一定要保持镇定，我突然就想起了他在雨中的这场演讲，他那么淡定地展现了一个演讲者良好的教养和风度，凸显了有声语言的魅力，显现出比有声语言更生动、更有力量的震撼力。

当然镇定也是需要磨炼的。大家都有过这样的经历，最初演讲的时候，费尽心思做了充足的准备，可是真到了演讲的时候，心里还是会不安、慌乱，声音会变成颤音，根本无法掌控现场。这个时候场面会越来越失控，有些听众甚至会跟着起哄，这也是我的亲身经历。当时只是一个很小的宣传演讲，周围也就二三十个听众，但是有几个听众的反对声音已经盖过了我的声音，清清楚楚地听到他们的提问和指责后，我演讲的声音就更加无力，大脑也刹那间一片空白。幸好李老师就在我的身边，低声告诉我不要慌，要保持镇定。然后李老师接过我的话筒，从容不迫地回答了听众刚才提过的一些问题，帮我控制了局面。当我再次接过话筒开始演讲的时候，我已经想到了一个技巧，那就是极力放大声音，能有多大就多大，依靠大声地讲，来使自己镇静，让整个现场只听到我的声音。

其实事实也告诉我们，保持镇定是演讲者的一种必然心态，是演讲者具备的必要条件。因为在演讲的过程中，作为演讲者，你始终是焦点。只有你自己保持镇定，才可以主宰现场，否则就无法保证演讲的顺利完成。镇定是一种坚定、淡定、无畏的心理素质。这种心理素质可以使理智和情感融为一体，不仅让你向听众展示出自己的形象魅力，还会给听众留下难忘的印象。

因此，无论演讲什么，对待什么样的听众，只要你始终保持镇定，拥有一颗镇定之心，就能保证脱稿演讲的成功。

脱稿演讲成功的人，也是真正领悟镇定之心，真正拥有镇定之心，明白镇定之心意义的人。他们始终保持镇定，在训练和磨炼中不断强大，融入到脱稿演讲，最后悟到了脱稿演讲的真谛。

第三章

从容展现出独特的气质

面带笑容，魅力无穷

俗话说“人生若只如初见”。其实我们不管什么时候遇见，只要微笑着，都是世间最美好的相见。

所谓微微一笑泯恩怨，笑容可以使恩怨化解，可以使你感到幸福温暖。当一个人笑容满面时，即使他不言语，也能打动人心。因为笑是最动人的，笑透出的是善意，是爱与欢喜，是与快乐如影随形的，是人际交往中的润滑剂。曾经有人这样总结过微笑的影响：真诚的微笑，效用如同按钮，能立即接收他人友善的感情，因为它在告诉对方：我喜欢你，我愿意做你的朋友；同时也在说：我认为你也会喜欢我的。

因此，每一位脱稿演讲者走上演讲台的时候，都会面带笑容。微笑着开始，微笑着结束。一场成功的演讲，演讲者始终都是微笑着的。那微笑几乎是通过全身的每一根神经，来向听众传导出兴奋的力量，释放出欢快的气息。

记得当年阅读卡耐基的书时，有一句话至今让我记忆深刻，那就是：“笑容常常能照亮所有看到它的人，像穿过乌云的太阳，带给人们温暖和发自心底的高兴一样。”无论是谁，只要微笑着，就会带给人们温暖，受到欢迎，变得亲近。不管站在演讲台上演讲得如何，始终保持微笑，这场演讲就是成功的。

这使我想起曾经有一次在公交站点等车，车迟迟不来，因为急着要上班，等得我心里烦躁不安，满脸的不耐烦。就在这个时候，有位妇女牵着个三四岁的小女孩走过来。那个女孩抬头看着我，咧着嘴对我微笑，当然我也自然地对她报以微笑，亲切地问她几岁了，并和她的妈妈聊了起来，先前那种烦躁不安的心情瞬间消失。

微笑的感染力就是这么大，可以使人心境开阔，瞬间愉悦起来。常言道“伸手不打笑脸人”，当你笑脸相迎的时候，是诚心诚意地表示出对听众的尊重，听众也不好意思刻意为难你。

去上口才培训班的学员，都有专门学习微笑这一课。老师会讲解微笑的重要性，给学员专门练习微笑的时间，要求学员就像口头演讲一样地练习微笑，哪怕是强迫自己微笑，比如照着镜子微笑、微笑再微笑。演讲的时候微笑，不演讲的时候也要微笑。坚持每天微笑着来朗读，这种方法特别好。我上小学的时候有个男同学，虽是个结巴，性格却很好。后来，不知从什么时候开始，每当他结结巴巴地说完后，总会有人有意无意地模仿他，让他感到难堪、伤心。渐渐地，他变得内向，不爱说话。老师知道情况后，特意找他谈话，鼓励他。他慢慢地又开朗起来，爱笑了，天天笑眯着眼。当他结结巴巴地笑着说话时，竟然没有一个同学再学他说话，而是同样微笑着耐心地听他把话说完。如果有同学表现出不耐烦或者捉弄他的意思，就会有同学为他打抱不平，谴责对方。后来我们都长大了，离开了小山庄。直到多年后我再遇到他，他说话依然结巴，但他依然见人就爽朗地笑。我们聊得很愉快。聊着聊着，我们聊起了往事，我就问到他那次的转变的原因。他说他的结巴没有办法改变，除非别人接受他，老师就告诉了他一个窍门，那就是微笑。果然，他微笑着结巴时，所有的伙伴们都接受了他，并且鼓励他。我由衷地表示钦佩，他却笑着说他刚开始也微笑不出来，但是为了不让老师失望，他就强迫自己去微笑，时间一长倒成了习惯。直至今日，他都感谢老师和同学们对他勉强微笑的接纳。

“不。”我告诉他，“所有的人都应该感谢你的微笑。”哪怕是勉强表现出来的微笑。这是种多么了不起的智慧，他竟然能做到强迫自己微笑。俗话说得好：“眼前一笑皆知己，举座全无碍目人。”的确，没有人能轻易拒绝一个笑脸。笑是一种无声的语言，在恰当的时候，一个简单的微笑可以创造奇迹，可以使陷入僵局的事情峰回路转。

微笑起来就会使你及时调整内心，使你放松。尤其是当你站在演讲台上，整个人精神紧张、不安的时候，就要利用已经学过的心理暗示法，告诉自己一定要做个讨人欢喜的人，一定要微笑起来。然后强迫自己挺起胸膛，深吸一口气，让脸上露出笑容。哪怕是最初训练时强迫自己微笑，假以时日，一开口自然就会微笑起来。

微笑作为一种表情，往往反映着人的精神状态。一个对演讲充满热情的人，总是有办法拉近与听众之间的距离，带给听众极强的感染力，引起听众友好、热情的回应，原因就是他总是会微笑着面对听众。

这样的演讲者，始终会面带笑容，不管是在演讲台上还是台下，不管侃侃而谈还是沉默不语。这不仅是一种心情，更是一种力量，像烟花一样带给听众希望和温暖。这充分展现出的演讲的魅力，不仅使自己感到愉悦，也使听众感到愉悦。就像这个世界一定会因微笑而变得美丽，那么演讲一定也会因演讲者的笑容而成功，充满魅力。

让人感到舒服的语言，充满吸引力

一个人的能力怎样，首先体现在语言的表达上。如果语言表达得好，能力就不差，就能充满吸引力。

充满吸引力的话，让人听起来是很舒服的。就像不管穿什么衣服，化什么妆，只要能让人感到舒服就是好的。如果感觉不舒服，肯定让人看得不顺眼。既然要演讲，往人前一站，最起码要让人看顺眼。每个听众都有自己的思想和情感，演讲的时候你很难使所有的听众满意，却又必须使所有的听众都满意，那么只有使用让人感到舒服的语言，让听众愿意听下去，听得如沐春风，才能感受到演讲者的诚意。让人感到舒服的语言可以带动演讲者和听众的情绪，引起共鸣，使整场演讲变得生动、愉悦。

生活中，谁都渴望人与人之间多一些温暖和关爱。舒服的语言可以使演讲者和听众之间的相处更加容易，更加和谐。一个言语让人感到舒服的演讲者总是能够更容易赢得听众的心，因为无论他是谈论学识，还是谈论情感，都能够讲得非常融洽。晓之以理，动之以情，很容易拉近和听众之间的距离，给听众留下一个好的印象。

曾经在口才培训班上发生过这样一个故事。一个初学演讲的男孩没有耐心去看那些厚厚的口才书，想走捷径，就问他的老师："老师，您每次演讲都很成功，是不是有什么秘诀呢？"

老师回答道："有。"

"那您的秘诀是什么呢？"男孩高兴地问道。

老师笑笑道："演讲的时候，面带笑容，言语亲切，举止得体。"

男孩说："这哪里是什么秘诀呢？这是您在课堂上跟我们每个人都讲过的。"他认为老师不肯把秘诀告诉他。老师却很肯定地说："这就是我的秘诀，虽然每个人都知道，但不是每个人都能够掌握它。你看那些演讲者，有的人面带笑容感染力却不强，有的人言语亲切却让人感到不舒服，有的人举止得体却没有活力。而我演讲时，笑容一定要充满感染力，言语一定要让人感到舒服，举止一定要有活力，所以我的演讲就能成功。"

见男孩用心在听，老师继续说道："面带笑容，言语亲切，举止得体，听起来简单，可要真正吃透它并不容易。需要你打开心扉，融入内心，用心去感受，才能领悟其真谛。"

老师说"言语一定要让人感到舒服"，言语一旦让人感到舒服，这场演讲就会散发出无尽的魅力。就像可以包容一切的水一样，无论什么样的环境、什么样的场合，都可以轻松地融入进去。这样的演讲自然能够成功。

因此说在演讲的过程中，让人感到舒服的语言很重要。如果语言让人感到不舒服，就像沙滩上的城堡，一个浪拍过来，转眼就坍塌。就像不活用而读死书，把自己的演讲弄得一团糟，遭到听众的强烈不满，无法进行下去。所以我们必须在语言上多下功夫，否则不管你多么漂亮潇洒、玉树临风，也不能保证演讲成功。尤其是现在的人，生活得越来越好，追求也越来越高。为了一次上台演讲，会专门去购表演服，穿满身的名牌，觉得只有这样才上档次、高贵、与众不同，才能引起听众的注意。其实名牌穿在身上，不一定能够让你名声远扬、讨人喜、得人欢。只有让人感到舒服的语言，才能经得起推敲、琢磨，才能吸引听众，使演讲生动、完美。这才是支撑演讲的内在要求，才能实实在在地打动人心。

打动人心的演讲有很多优点，但是语言让人感到舒服是最大的优点。每一个字、每一个词的表达，都必须沁人心脾，吸引人，让人欢喜。如果语言让人感到不舒服，也会令自己和听众都很不自在。这和你找人办事一样，如果你话说到对方的心里，让对方感到舒服，事情就比较容易办成。何况演讲用的就是语言，语言讲得好坏直接关系到演讲的结果，是整场演讲的中心。演讲者自始至终都是依靠语言来打动听众的，其他的都是演讲者的修饰和补充。唯有语言，能够渗入听众的大脑、内心和灵魂深处，收到听众的回应，让听众甘愿留下来倾听这场让人心潮澎湃的演讲。而它之所以能让人心潮澎湃，渗入到听众的内心，把听众召唤过来，就是因为它让人感到舒服。

用让人感到舒服的语言来演讲，会让我们的演讲充满温馨和美好，会让我们得到听众的赞赏和拥护。所以，让我们利用一切让人感到舒服的语言去演讲吧，这样我们的演讲将会更加成功。

举止得体，谈吐优雅

于我来说，人生最有趣的事情，就是读书和听演讲。尤其是听一场精彩的演讲，演讲者或潇洒淡定，或谦虚谨慎，或博学颖悟，总是令人激赏称赞，艳羡不已。那些丰富的面部表情、优美的举止、抑扬顿挫的声音、趣味十足的言辞、生动活泼又洒脱恣意的艺术性，都能深深地将我吸引住，甚至不需要多么华丽的词藻，都令我一听再听，直到演讲结束。散场的时候，还会禁不住地回望。这种成就除了体现在他们语言的深厚修养上，更重要的是体现在他们风度优美的得体举止上。

一名举止得体的演讲者，必定是一个有教养的人。因为站在演讲台上进行一场演讲，最能体现一个人的内在涵养、素质以及外在气场。得体的举止无形中就会带给听众美好的感觉。反之，一个举止不得体、行为粗鲁、形象不佳的人，拿什么来征服听众呢？没有听众愿意靠近这样的演讲者。因此在演讲的过程中，演讲者不仅要注意谈吐，更要注重举止是否得体。

得体的举止是让自己的演讲产生魅力的重要方式，也是让听众喜欢自己的重要途径。就像孔子所云："凡人之所以贵于禽兽者，以有礼也。”很多老人讲究的老规矩，也许你会觉得很迂腐，但是有些是我们应该继承和学习的。小时候，姥姥一再要求我们做个淑女，她以老一套的旧式行为准则来训练我们的举止，从就座的次序、坐姿、端碗拿筷、吃相到穿衣睡觉，等等，使我们受到太多的压制。姐姐当时就很反感，想尽一切办法来破坏她的教育方式。然而当我们长大、独立以后，才发现小时候被姥姥教导过的那些礼节，带给我们莫大的益处，不仅让我们广结人缘，走到哪儿都能招人喜欢，还让我们充满自信。所以姥姥去世之后，我们都很怀念她说过的话，从不敢违背她立下的那些老规矩。

尽管在这个现代化的社会，大家都提倡做个与时俱进的淑女，然而无论时代怎样变化，那些传统的美德不应该被忘掉，它们应该像一个人的教养一样始终存在。有时候教养好的人的举止甚至比语言文字能更直接、更具体地影响别人对你的印象和看法。

在参加2009年的口才培训时，我们就遇到这样一位好老师。当时大家刚刚聚集在一起，彼此很陌生，不知道说什么。就在此刻，这位老师的授课让我们眼前一亮。她的授课就是从谈论她自己开始的，然后引出我们的兴趣爱好。她演讲时而温文尔雅，时而掷地有声，得体的举止让她有种巾帼不让须眉的气势，大家都很喜欢她。她好像什么都知道，古往今来，国内国外，天文地理，她统统都懂得，这让我们钦佩不已。是她让我们明白，演讲其实和古话里的“读书破万卷，下笔如有神”是一个道理，只有自己知道得够多，肚子里有墨，才能妙语连珠，讲出有水平、有见解、有说服力的话来。也是她让我们明白“腹有诗书气自华”的“气”就是指举止，“华”就是指得体，举止得体气自华。这样的一种魅力，谁能不喜欢呢？

老师的得体举止、优雅谈吐，几乎瞬间就能让人忘记烦恼。在课堂上，她曾经多次给我们表演了朗诵，让我印象最深刻的是席慕容的那首诗：

其实我盼望的
也不过就只是那一瞬
我从没要求过你给我
你的一生
如果能在开满了栀子花的山坡上
与你相遇
如果能深深地爱过一次再别离
那么再长久的一生
不也就只是　就只是
回首时
那短短的一瞬

她的朗诵一起势，我就完全被镇住了。她在朗诵的时候，唇角弯着优美的弧度，那么安静地坐在不起眼的角落，却完全把我们吸引住了。大家都沉浸在那栀子花的幽香里，感觉着无限的美好。怎么能够那么美呢？美得那么得体、自然、从容，你甚至感觉不到她有任何动作，那动作好像本来就是那样存在着一样。

直至现在我想起来时，仍然一次次地学着她，模仿着她朗诵这首诗的神情、举止，仍然一次次地怀念着她。她就像那甜美、可亲的栀子花，总是微笑地望着我们。无论我们说什么，她都能理解，都能明白，都能包容。同为女人，我多么希望自己有朝一日也能像她一样美。她的美是有修养的美，是经过时间的沉淀，由内而外的美。其实无论是谁，要想保持长久不衰的魅力，就得不断地完善自己，提高自己的综合素质，丰富自己的思想和情感，从而使自己的行为举止逐渐地得体、完美。

一个举止得体的演讲者，会让听众感到踏实。他比一个才华横溢的演讲者更能赢取尊重，更能取信于听众。因为举止得体是一个演讲者演讲好坏的奠基石，通过行动得体地表现出来，能让人认为这个演讲者值得信赖。

在我们的口才培训班上，曾经有这样一个真实的故事。培训班在“五一”的时候准备联络《上党晚报》搞一次活动，特意邀请一位劳模来给学员们做一次演讲。然而到了约定好的时间，这位劳模却迟迟未来。为了不冷场，老师们临时决定先来一场“谁是劳模”的演讲。演讲的材料就是这位被邀请的劳模。当时有好几个学员进行了演讲，等到这位真正的劳模到来时，报社的记者依旧很有兴致，希望这个活动继续进行下去，于是就请这位劳模换了和学员一样的衣服上台演讲。演讲结束后，让那些不认识那位劳模的听众来投票决定谁才是真正的劳模。其中有一位培训班的学员得票最多，他的举止最像劳模。可见在演讲中，得体的举止无疑是加分的，而且是非常高的分数，可以给演讲者带来很多的收获。

成为一名举止得体的演讲者，就要有礼仪礼貌、文化修养和尊重他人的心态。当然也不止这些，还要注重方方面面的细节，比如还要有可以展现出演讲者魅力的思维和谈吐。得体的举止不是与生俱来的，需要经过岁月的磨砺、文化的熏陶，慢慢地沉淀出来，并随着一个人的成长而成长。当你真正成为一名举止得体的演讲者时，你的演讲就能影响更多的听众，从而鼓舞他们、激励他们，你也能得到他们的信任和爱戴。

语气是种特殊的表情

有位著名的科学家曾说：人的表情其实有两种，一种是直接表现在脸上的表情，另一种是以说话的语气出现的表情。这种以说话的语气出现的表情，在脱稿演讲中是常见的。它可以在无意间传达演讲者的言外之意，表达演讲者内心的感情，增强演讲的感染力。

其实无论是谁，但凡开口演讲，都离不开语气。若是能熟练地掌握语气运用的分寸，驾驭了语气，不仅可以使自己的言辞散发魅力，还能带给听众别样的感受。

试想一下，在这样的演讲中，即使你的言辞不够丰富，你也可以借着语气这种特殊的“表情”，来引导听众的思想。而且用敦厚朴实、温柔的语气，你也很容易获取听众的谅解。因为很多时候，人与人之间的沟通与交流的好坏，不是因为谈话的内容，而是因为语气的不同。语气里暗藏着的情愫，或欢喜、或无奈，同样的一句话，用不同的语气来说，会起到不同的效果。例如，“对不起”这三个字，用饱含真挚的语气说出来，就是满怀着真诚的歉意，请求对方的谅解；如果用漫不经心的语气说出来，就完全是另一种感觉了。这是我们在日常生活中经常遇到的情况，语气是一种风度，也是一种胸怀，它可以帮助我们保持内心的淡泊宁静，学到足够多的人生智慧，处理好演讲过程中的很多矛盾。因为很多矛盾都是由于语气的不妥产生的。不要以为语气是件小事，“千里之堤，溃于蚁穴”，稍不注意，就有可能让你悔之晚矣。因此演讲者在演讲的时候，一定要注意自己的演讲语气，要虚心谨慎，不要因为一时的疏忽，使用了不好的语气，导致整场演讲失败。

要让你的语气变得好起来。因为好的语气生动有趣，备受听众的喜欢。好的语气如涓涓细流般洗涤听众的心田，给听众一种不一样的享受。好的语气能带给听众美好、亲切和温暖的感染力。好的语气是每个演讲者都应当具备的素质。很多成功的演讲，都得益于完美的语气，赢在那看似毫不起眼的语气上。

语气好，才能讲好，才能达到演讲的目的。否则，哪怕语气里有一丁点的烦躁，也会破坏听众的好心情。哪怕演讲得非常精彩，也挽救不了那烦躁在听众心底的影响。毕竟演讲要面对那么多的听众，那么多兴趣各异的人。听众很容易被语气的好坏影响。只有好的语气、愉悦的语气，才会受到听众的欢迎。

我曾经见过这样一场演讲比赛：业余的演讲者挑战专业的演讲者。专业的演讲者非常有实力，他们不仅口才好、妙语如珠，音色也非常迷人、动听，整场演讲无懈可击。眼看着业余的演讲者节节败退，这时一位微笑着的中年女子走上来，虽然她相貌普普通通，毫无惊艳之色，却让人感觉很舒服。她像聊天似的先给听众讲了她的职业，然后慢慢地切入她的演讲。在演讲的过程中，她多次赢得了听众的掌声。她笑意盈盈地和听众互动着，敏锐而灵活地演讲着，有时像老人般深沉，有时像孩子样活泼，看似随意但却声情并茂，使那些概念抽象的东西更加具体形象。她的演讲词很实在，但是听起来就是让人那么舒服，全都讲到了听众的心里。

虽然她没有受过专业的训练，但她对语言的把握，对语气的运用非常娴熟，非常巧妙地带给听众那种只可意会不可言传的感受。想必她本身的个性就比较随和，这场演讲对她来说就是本色出演。所以那种与众不同的魅力，有说不出的美好，使她备受听众赞赏。

在演讲中，没有什么能比带给听众快乐更美好。那些专业的训练，让你受到条条框框的束缚，从而让你忽视内心的感受。没有那些专业训练，你的演讲也许不够完美，但却很接地气、很轻松、很灵活。如果把它们各自的优点结合起来，就是很完美的演讲。

脱稿演讲是可以做到完美的。因为你脱掉了稿子，全心全意地面对听众演讲，就可以把握适宜的、恰当的演讲语气，使讲出来的话让人有如沐春风般的温馨舒坦，听众们就会接纳你，就会敞开心扉听下去。就像那位业余的中年女子的演讲，朴实、平和、自然的演讲仿佛充满魔力，有着无限的暖意，供听众们慢慢回味。听众喜欢听、愿意听的演讲，才是有意义、有价值、有影响力的演讲。

没有人愿意去听一些语气不好、冷漠傲慢的人演讲，这不是自找烦恼吗？何况人生在世，不过短短几十年，有什么样的话不能好好讲，非要针锋相对呢？我们之所以能够有机会面对面地交谈，必然是因为一段美好的相遇，所以我们更要好好地珍惜。

那么，不妨好好地演讲。好好地演讲，彼此的心就有了交流，就会少计较、多宽容、易知足，就会为我们的演讲留下美好的回忆。

所以每一位脱稿演讲者，都应因人而异地把握演讲的语气。比如场面越大，越要注意适当地提高声音，放慢演讲速度，以加强演讲的感染力。相反，场面越小，越要注意适当地降低声音，放缓语气。不仅如此，还应因时而异，同样的一句话在不同的时机讲，效果往往会大相径庭。只有抓住时机，运用适当的语气，才能产生想要的效果。

曾经听同事讲过这样一件事：他的一位在北京上学的表妹，陪闺蜜去一家合资企业报到。那是家非常不错的合资企业，闺蜜也是托了关系才获得了这样的机会。让人想不到的是，最后企业老总婉拒了她的这位闺蜜，却主动留下了他表妹的联系方式。没过几天，这家合资企业就主动打电话邀请他的表妹来面试，并成功录用了她。

如今五年过去了，他的表妹发展得很好，从一位普通的基层员工晋升为设计部的副主任。这让他百思不得其解，因为他的表妹很普通，完全不如她闺蜜的条件优越、形象美，更没什么人际关系。直到后来，他去表妹的公司找她，中午在一起吃饭的时候才弄清楚。原来当年她是陪闺蜜来报到，闺蜜因为托关系走后门，所以很自以为是，和对方交谈时，开口就问有哪些好点的岗位。这让对方很反感，对方婉拒了她。之后在对方接电话的时候闺蜜没有告别就走了出去，而她觉得这样走出去很没有礼貌，就等对方接完电话后才礼貌地告别。对方很赞赏她的善解人意，就询问了她所学的专业，并让她留下了联系方式。她以为那不过是对方礼貌的回应，从没想过有一天会走进这家合资企业。当她真的接到对方电话的时候，她觉得很惊喜，也很感动！

她是怀着非常感激的心情来参加面试的，一开口就真诚地说："我是个很认真的人，会对工作非常负责，希望您能给我一次工作的机会，非常感谢。”这话说得对方心里暖意融融，欣然让她通过了面试，录用了她。表妹完全是靠自己获得了这个机会，因为她真诚的语气，让对方听出了尊重，从而也对她产生了好感。

那些见识多的演讲者，为了使自己的语气饱满、丰厚，能够承载起演讲的内容，使听众们听得满心欢喜，从一开始就会努力琢磨语气的运用，积攒经验，模拟各种各样的训练。就像法语一样，语气里始终充满情调，充满吐气如兰的悠闲、轻松，好像刚刚从一场睡眠中醒过来。那样的语气，氤氲着迷人的芳香，让倾听着的人常常感动不已。这样令人舒适的语气，会使演讲者的声音变得更好听，声音就像电波一样向四周传播。

学会把握语气，让语气来完美你的演讲。哪怕是一个小小的音调的改变，瞬间也会把呆板的演讲转化为明媚生动的演讲，最后把整场演讲推向精彩。这样就可以使自己的演讲深入到听众的内心，使自己更好地开拓演讲的美好未来。

乐观豁达，魅力自来

原捷克斯洛伐克著名作家伏契克曾说：“应该笑着面对生活，不管一切如何。”对于一个演讲者来说，就是应该笑着面对听众，不管听众的反应如何，都要用乐观豁达的心态来打动听众，保证演讲的顺利进行。

因为乐观的精神是可以感染人的，当你开心地演讲的时候，听众受到你的感染就会很开心。在孩子上幼儿园的时候，有很多个兴趣班，但我毫不犹豫地给他选了口才班，原因是口才班的王老师给我留下了为人乐观、爽朗的好印象。孩子毕竟还小，不管学什么、学得怎么样、学了多少，其实都不重要，重要的是有位好老师，这才是令家长欣慰的。和蔼可亲的王老师使我相信，孩子们望着她开心的笑容，该是多么幸福和快乐啊。事实也是如此，孩子每一次看到王老师笑、听到王老师开心的声音，总会心花怒放。每天放学，孩子的小脸上总是流露着笑意，甜蜜地向王老师告别。回到家，他不断地跟我讲课堂上发生的有趣的、开心的事情，听得我也兴奋不已。那是段多么欢快的时光，孩子每天都高高兴兴地去上课，高高兴兴地回家来。他很喜欢王老师。纵使他还不能够流利地表达出那份喜欢，我也很开心。还有什么能比孩子的快乐更让我们开心的事情呢?

快乐的人是最受欢迎的，和快乐的人在一起，可以使我们忘记忧愁，从而也快乐起来。

而快乐的演讲者也会带给听众快乐。有位演讲者曾经这样讲述：她喜欢留意身边一切美好的事物。清晨醒来，一睁开眼，看到阳光穿过窗帘洒落在屋子里，世界是如此崭新和美好，就情不自禁地欢喜起来；起床后，打开音乐，空气回荡着悦耳动听的音符，便不禁在音乐声中开心地笑；接下来，洗漱完毕，浑身上下感觉清清爽爽，轻松愉悦地走出门；走在上班的路上，从容自信，感觉自己像是一道美丽的风景，不由地仰头望望高空，望望蓝天白云，满目欣然，即使到了单位，坐在办公室里，仍然意犹未尽。

生活中，从来不缺少美，只是缺少发现美的眼睛。只要用心，就会发现我们周围，有许许多多值得我们开心的事物，会带给我们美好的感受。而这美好的感受，使我们的眼睛情不自禁地闪烁着光芒，而内心也变得欢快、豁达起来。

优秀的演讲者就是怀着这样豁达的心态走上演讲台、面对听众的。演讲者全身上下都闪烁着光芒，他们又把这种光芒洒向听众，让听众也来享受这种欢快和美好。把这场演讲变成大家生活中难忘的一部分，那么这样的演讲，无论过去了多久，都能让人想起来，一旦想起来就会感到很快乐。

这样的演讲者也是听众们喜欢的，他们总是能够让听众欢快、愉悦、兴奋，总是能够带给听众一种不可抗拒的魅力。

这种魅力当然也是通过后天的训练获得的，养成乐观、豁达的性格，吸引、唤醒眼前的听众，一起绽放美丽的笑容，感受那些欢乐、美好的事情，体悟这个尘世间的美好和生动。这不仅仅是快乐，而是比快乐更可贵的一种分享与感染，是一种生命上的胜利。看看每一双笑着的眼睛里流露出来的光彩，足以让整个世界都流光溢彩。

快乐的思想和行为，能在听众的心灵上急速地生长，分秒不息地浮现在面容上，浸润在身体里，就像一股永不枯竭的清泉，滋养着积极向上的精神，日益芬芳、甜美，而且会历久弥坚、历久弥香。

快乐是一切魅力的源泉。只要听听那些快乐的演讲，向那些让人温暖和惬意的演讲者靠近，你就会被带入一个通畅明亮的世界，深深地陷入快乐和幸福中，这也是我的亲身体会。年幼的时候，因为孤儿的身世，我曾遭受过种种的磨难。成年后，我仍然有很多不好的遭遇。在很长的一段时间里，我过着以泪洗面的生活，沉浸在苦难的旋涡中，认为自己这一辈子都不可能快乐，甚至当快乐降临的时候，我也不敢去接受。直到加入单位组织的一次口才培训之后，平日里听着大家互相讲笑话，互相调侃，嘻嘻哈哈，我不禁感叹这是多么快乐、向上的群体啊！而且给我们培训的老师，每天都带着欢乐的笑容。我清楚地记得第一节培训课时，老师就和我们坐在教室中间，一起讲幽默的笑话，逗得我们哈哈大笑。置身在那样活泼的环境里，当时我就有种难以置信的感觉。由于我与快乐隔绝得太久，在凄苦的深渊中沉溺得太深，面对这种快乐的场景，面对那一张张美丽的笑脸，听着那爽朗的笑声，我竟然有些手足无措，举止慌张。

但是到了第二天，第三天……每一天都是这样的欢快，我也不再无视这样的快乐。有个午后，老师特意表扬我文静、有内涵，这使我内心很高兴。紧接着，老师说能让大家都高兴起来，是她来培训我们的初衷，她愿意和我们这群朝气蓬勃的年轻人一起享受快乐。她说我们就是要这样快乐，我们每一个人都是为了享受快乐，才不断地去努力和奋斗，才会与人交往和沟通，才会来参加这场培训。如果这场培训带给我们的只是沉闷和压抑，那我们来参加这场培训有什么意义呢？

她给我们上了一节快乐的课。那是一节让我们终生难忘的课，一场让我们终生难忘的培训。我们如同站在一片美丽的草地上，尽情地享受着演讲的乐趣，体会着演讲的魅力和感动。我几乎不用专门去参加训练，那些爽朗的笑声，就像天籁一般带来欢乐的气氛。每天大家一走进那个培训班，不用打招呼，只要一个微笑就能彼此心领神会。和这样一群快乐的同伴们在一起，耳濡目染，我的脸上也很快洋溢着笑容。

原来，快乐的笑容是永远存在的，纵使你的性格中带有深深的忧郁，忧郁里也会有笑容。一个人如果带着笑容上路，带着笑容行走，就会有大的成就。这样的培训相比于其他的职业培训，更有魅力。

我有位同学在酒店工作，她是位训练有素的职业女性。有一次我走进她的酒店，恰好发现她在吧台站着。因为怕影响她的工作，我没有和她打招呼，径直走进去坐了下来。好一会儿，她都没有发现我，我却发现她脸上始终保持着职业性的微笑。直到我叫她，她的脸上才有了更丰富的表情，更加开心起来。

其实我们见过很多这样的笑脸，让人看不到开心和快乐，感觉不到真诚和善意，更散发不出感染和影响别人的魅力。

所以说成为一个魅力四射的演讲者，笑不是最重要的，最重要的是乐观、开朗和豁达的精神。这些可贵的精神，不仅仅是通过你的表情、肢体、举止体现出来，还通过你的声音、语气、语调以及你整个人完整地体现出来。这样的演讲者，不管演讲的结果如何，只要能够带给听众快乐与开心就是收获。哪怕到最后，我们不能在演讲界成为佼佼者，也已经成为人生的佼佼者了。

第四章

足以驾驭全场的能力

善用已学到的技巧

演讲需要有一定的演讲技巧。在脱稿演讲中，更需要高超的技巧，无论演讲的是什么，无论是以事感人、以情动人还是以理服人，都能够在不动声色间驾驭那些技巧，达到出奇制胜的效果。

这也使得很多来学习演讲的学员，都觉得演讲技巧就是演讲成功的秘籍。于是常有人特意去向老师请教，希望学到这些技巧。可是就算老师倾囊相授，也不可能顾及各个方面。毕竟在演讲的时候，总会遇到意外情况，这是你所学过的技巧不能够解决的。没有老师能知道所有的技巧，除了那些普遍的技巧，大多的技巧都是来自于亲身实践，来自于我们的生活和日常经历。一个人不可能把这世上的所有事情都经历一遍。你所经历的只是你的经历，所以你所总结出来的技巧，也并不是所有的技巧。

技巧是不能速成的。在快节奏的今天，人们的生活压力很大，没有那么多时间，碰到不认识的字甚至也不去查字典，直接拿手机百度，方便又省时。在口才学习上好像也一样，只要有钱，都能参加培训班，一两个月就能培训完。但是演讲技巧是不可以速成的，不管科技有多进步，有多发达，实践始终在告诉我们“欲速则不达”，一味地追求速成不是好事。正所谓“十月怀胎，一朝分娩”，事物的成长发展往往有其规律。真正的演讲技巧和知识一样，知识需要学习，技巧更需要学习。技巧也需要你用心琢磨、实践，因为真正的技巧，很多都来源于我们的日常生活。

不管什么样的演讲，都是需要技巧的。特别是那种向听众阐述某种观点或某种道理的演讲，如果平铺直叙会显得枯燥乏味，无论你说得多么有道理，听众都没有耐心听。但这也是有应对方法的。就像李老师给我们上课一样，在讲课之前都会先给我们讲个小故事。比如有一次他在给我们讲谐音法的运用时，先讲了这样一个故事。有位小伙子向老人问路，开口说：“喂，去某某庄该走哪条路，还有多远？”老人对小伙子的傲气和无理很不满意，随口应道：“走大路一万丈，走小路七八千丈。”小伙子摸不着头脑说：“怎么这儿论丈不论里呢？”老人笑着说：“小伙子，原来你也会讲‘里’（礼）。”小伙子知道自己失礼了，连忙给老人赔礼道歉。这里的老人不愿意明言指责，用谐音法的“里”和“礼”，委婉地批评小伙子的无礼。听到这里我们恍然大悟，惊叹不已。这样不仅可以打开话匣子，还能活跃气氛。就像日本现代思想家野家启一所说的：“故事是一种能使经验语言化，并使之得以传承的装置。”好的故事三言两语就能引起听众的注意。

利用讲故事的技巧，能给演讲披件漂亮的外衣，可以更具体、更形象地把我们的演讲传达给听众，给听众们留下深刻的印象。

这样的演讲，自然能够把那些枯燥乏味的演讲化腐朽为神奇，对听众来也说有极大的吸引力。整场演讲甚至都会因一个小小的故事而趣味无穷。这也是演讲中常见的技巧。在演讲之前，讲点和主题相关的小故事，或者在演讲的过程中适当地穿插些小故事。这些小故事，常常能起到发人深思、耐人寻味的效果，或者起到震慑全场的作用，足以让听众们停止窃窃私语。或者你可以讲一则笑话，来缓解听众的疲劳，愉悦听众的心情，使听众重新集中注意力来倾听演讲。

究竟怎样演讲，就要看演讲者自己如何灵活运用技巧了。每个人的演讲风格都不一样，同样的技巧，即使被别人证明有效，但想要达到我们的目的，必须要经过我们自己的实践和运用。

也就是说，所谓的演讲技巧，就像一篇文章的开头方式，有人喜欢倒叙，有人喜欢先提出观点；有人喜欢设置悬念，有人反其道而行之……技巧的运用是各式各样的，不用和别人比较。而且为了引起听众的注意力，调动听众的积极性，让听众来倾听演讲者的演讲，每个演讲者都有自己独特的技巧。

不管是运用哪一种技巧，最终目的都是为了让听众听演讲时，能够迅速集中注意力。虽然方法有很多种，但最常见的、最简单的就是以下四种：

第一，如果演讲的主题是哲理性的，就先利用名言警句为演讲营造一种严谨庄重的氛围；第二，如果演讲的主题是情感性的，就先吟诵些充满意境的诗句，以情动人；第三，如果演讲的主题是文化感悟，不妨精心选择一则典故来引起听众的注意，使听众在这一方面有一定的联想，从而使演讲内容具有一定的吸引力；第四，如果演讲的主题是日常生活，聪明的演讲者首先就会设置悬念，让听众有好奇心，然后顺势引入主题，足以令听众们惊喜不已。

演讲者要想学会技巧的运用，既需要不断学习、不断积累经验，又需要自身的修炼、内在的积累，而这都是需要下一番苦功夫的。因为技巧里包含了很多的知识，很大的智慧。就像世上形形色色的奇思妙想，总是出其不意。有一种技巧叫反其道而行之，意思是使用逆向思维想问题，从反向切入，更能出奇制胜，马上就可以调动起听众的积极性，使演讲渐入佳境。这种技巧往往令大家拍案叫绝。

总之，每个人的思维都不一样，都会有灵光一闪的想法，都可能创造出奇迹。尤其是现在的年轻人追求创新，总是独辟蹊径，常常会给听众带来意外的惊喜。像电视台举行的那些脱口秀节目，即使出现意外状况，主持人也能灵活应对，而且还会说出一些很精彩的话。因为所有脱口秀主持人都懂得如何使语言再生产、再创新的技巧。这种技巧要求演讲者的语言越新奇越好，最好语不惊人死不休。他们的每一个字、每一个词都能使听众们感到震撼。这些话你初听也没什么，细一琢磨就会发现其中囊括了人生的大智慧。这些话能让你在关键时刻力敌千钧，当你铿锵有力地把这些话说给听众们时，一定会赢得雷鸣般的掌声。

其实，那些能够脱稿演讲的演讲者大都是语出惊人，字字珠玑，口才了得的人。他们也都会活用技巧，能轻轻松松地驾驭全场。因为脱稿演讲是个有趣的事情，技巧的运用是必修课。只要你脱了稿，再学会各种技巧，对你来说进行一场引人入胜、妙趣横生的演讲，简直是游刃有余。

也许有些人认为，那些脱稿演讲者，演讲得很轻松、很朴实，不可能有什么技巧。那他们就错了，因为演讲者已经将技巧熟练运用到你看不出任何破绽的地步。俗话说："水从高处来，只向低处流，乃至归入大海，贵在平静低调。”那些技巧已经深深植入他们脑海里了，不论何时何地，都能够使他们展现出智慧，即使用最平常的语言，他们也能讲出独特的感受。

所以，只有在有自己想法的基础上，活用已学过的技巧，在演讲的过程中再不断创新，随时督促自己，让自己的演讲更精彩，让自己的演讲魅力有所增加。这才是脱稿演讲者最好的技巧。

巧妙地运用语言

任何脱稿演讲都是为了征服听众、赢得听众的喜欢。但每一个听众的喜好和需求都是不同的。那么，如何征服听众、赢得听众的喜欢呢？这就要求我们利用语言的优势来征服听众。因为演讲，用的就是语言，没有几个听众会因为演讲者迷人的外貌、现场的设施而喜欢上这场演讲。只有饱含感情的语言才能够打动听众，迅速抓住听众的心。

巧妙地运用语言，是打开听众心扉的关键。那些成功的演讲，都有着丰富的语言，一言一语都能入耳入心，一字一句都能扣人心扉、动人心弦，说到听众的心窝里去。语言的巧妙运用，是征服听众的关键，是演讲的灵魂，是所有演讲的内在、根基。语言用得恰到好处，演讲就会大获成功。

每一场成功的演讲，都少不了语言的功劳，因为语言本身就具有强大的冲击力和震撼力。特别是那些富有节奏感的语言，像浪花一样起伏着、涌动着，波澜壮阔，可以使演讲更精彩、更成功。如果语言是具象的，那么说出来的语言就是动态的物体，它就像一阵风、一条河流、一群飞鸟和一片白云一样，始终在动着。

语言更是一门艺术，恰当的语言既让人听得舒适，又可以调动听众的情绪，赢取听众的好感。听众听到心里，就像饮了杯菊花茶一样身心舒爽。即使寥寥数语，却也能表现得气势磅礴，一字一句也可以掷地有声，令人不得不从、不得不服。丰富、精辟、独到的语言不仅有发人深思的力量，更有不容小觑的感染力。

在演讲的过程中，语言本身的凝聚力，可以把所涉及的东西都吸引过来，获取最大的成功。人们常说一个人的自信心是不断增加的，特别是完成一件困难的事情以后，自信心是多倍增加的。优秀的演讲者永远不会熄灭内心的自信之火，所以就永远不会忽视语言表达的重要性。优秀的演讲者无论是在什么样的场合，作什么样的演讲，都能成功地驾驭语言，满怀信心地侃侃而谈。对他们来说灵活地运用语言是轻而易举的，但其实这些语言中往往都包含一定的技巧和策略。

就像演讲是需要技巧和策略的，语言的运用也是需要技巧和策略的，是每一个演讲者都应该具备的能力。

许多演讲的成功与否，都取决于演讲者驾驭语言的能力。比如遇到不了解的事物时，你组织不好语言，那么在演讲的时候，你就要注意扬长避短，对不熟悉的事物不要讲得太具体。不妨着眼于大局，多讲一些自己较熟悉的，大家都能理解和喜欢的事物。或者运用大量的典例来展开阐述，这样可以使许多难以用语言表达的事物，变得形象具体，既能让你顺利地展开论述，又能让你说服听众。因为这些语言都通俗易懂，再加上典型事例带来的启发，演讲者就能够把问题讲透。你只有把问题讲透了，才能被听众接受，达到演讲的目的。这是每位脱稿演讲者都应该具备的能力。为了让听众接受、喜欢你的演讲，你需要使用不同的方式来表达，无论是在什么样的场合，都要保证让听众听着舒服、愉悦；不管是对他人的提议还是批评，都要保证让对方心悦诚服，让被批评者主动认错。此外，你完全可以用动听的语言、巧妙的方法，去讲听众爱听的、容易接受的话，让人听得忠言不仅不逆耳，还很顺心。美国前总统约翰·卡尔文·柯立芝有一位漂亮的女秘书，长得很不错，但工作中却总是经常出错。有一天，这位漂亮的女秘书走进办公室时，柯立芝说："今天，你穿的这身衣服真漂亮，正适合你这样年轻漂亮的小姐。"这几句话让秘书受宠若惊，接着柯立芝又说："但是，你也不要骄傲，我相信你的公文也能处理得和你一样漂亮。"从那天起，这位女秘书在工作中就很少出错了。

柯立芝是位善于运用语言的人。脱稿演讲者也深谙此道，常常会用这种方法对待听众。俗话说得好，"良言一句三冬暖，恶语相向六月寒"。好听的话，总是易于被接受；难听的话，总是引起人们的反感。这是人之常情，因为谁都喜欢悦耳动听的话。于是他们常常会把批评转化为建议和鼓励，或者先批评后安慰。他们也会想尽一切办法旁敲侧击、暗示对方，或者引导对方转移注意力，使对方放松下来。这种和声东击西有异曲同工之处的方法，被他们运用得得心应手。

从演讲的开始到结束，演讲者都得利用巧妙的语言，把演讲者和听众紧密连接在一起。

曾经有位演讲者提到因为他个子矮，形象不好，一上台听众就很反对。但是，当他开口演讲时，反对声渐渐地降低了。不一会，在他的带动下，气氛变得很愉悦，听众也变得心平气和，愿意听下去。他用精彩的语言赢得了这一场演讲，赢得了听众的信任和喜爱，大家都相信他是一个正直的、真诚的好人。因为他的演讲条理清晰、简练务实，大多是让人感同身受的真话、实话。

言为心声。在这个知识经济的时代里，语言的熟练运用会不断给你带来惊喜。如果你能用积极的心态，去学习如何巧妙地驾驭语言，你就能在脱稿演讲的这条道路上越走越远。

这也是每个成功的脱稿演讲者必修的课程，只有经历得多了，演讲才能引人入胜，妙趣横生。然而，语言的技巧实在是太多了，不是文字所能全面表述的。每个演讲者都有自己的演讲诀窍、风格特色。每种语言的运用技巧都有其不同的魅力，能够淋漓尽致地运用，是其乐无穷的。可扩大或缩小，可由近到远，或由远至近，也可由内到外、由此及彼、借此喻彼，或展开联想、丰富思想、深化主题。如果词汇、语句与主题无关的，或者表达不够贴切，即使再优美再精彩也不能用。尤其不能讲一些似是而非、可有可无、漫无边际的话，或者引用人家那些已经讲过无数遍的陈词滥调，因为这些东西会禁锢演讲者的思想。

所以演讲者必须养成一个好的演讲习惯，演讲中演讲要干脆利落，不拖延。拖延是最不礼貌的行为，听众们能抽出时间来听演讲，已经够不容易了，理应得到足够的尊重。如果演讲者发现自己有些话讲得多，或者看到听众有了情绪，就要及时转换话题，不要让听众失去兴趣。另外，要想随时保证演讲内容的新鲜感和趣味性，就要恰当地运用各种修辞手法，善于使用那些通俗易懂、人们喜闻乐见的语言。这些语言朴实无华、亲切自然，又不失生动活泼、条理清晰，能给人留下深刻的印象。好的演讲习惯既是对听众的尊重，也是一个演讲者的自我修养。为了让气氛轻松欢快起来，调动听众的积极性，演讲者应适当地讲点故事、讲点笑话，这也是一个巧妙地运用语言的技巧。让那些美妙的语言，给平凡的演讲插上飞翔的翅膀，带领听众飞向远方，感受那种格外空旷开阔的境界，让这场演讲更加形象、逼真，充满强有力的说服力和时代感。

也就是说，要想演讲成功，必须掌握好语言表达上的技巧，把握好语言的特质，这样的演讲才能绽放出经久不衰的艺术魅力。

出色的音质

脱稿演讲之所以获得成功，除了精彩的言辞，重要的还有演讲者音质的把握。出色的音质可在现场营造出舒适的氛围，引起听众的共鸣，从而使演讲顺利地进行下去。

因为听众的情绪不仅会随着演讲内容的变化而变化，更会随着演讲者音质的变化而变化。或生气勃勃、铿锵有力，或百无聊赖、兴味索然，听众的情绪都离不开音质的感染。演讲者必须站在听众的角度，基于听众的感受，把握并运用高超的音质，让听众听得舒服、酣畅。如果不顾及听众的感受，不管演讲的内容有多好，演讲者的口才有多棒，听众也不会喜欢、不会接受的。

有家全国连锁的大型超市在我们这座小城开了家连锁店，连锁店的负责人是总公司派下来的。他来自大城市，对小城超市的盈利非常不看好，开晨会时经常抱怨小城的经济不发达，经济状况差，很难有好的盈利。他还指出了小城经济发展的种种弊端。虽然他说的是实情，大家却不喜欢听，因为大家都是生长在这座小城的人，而他只在小城里待了三年，并且连锁店在他的管理下年年亏损。然而一位当地的管理者接手了之后，超市的营业额却非常高。

人与人之间的关系，是一种很微妙的化学反应。一件小事既能拉近两人的关系，也能使两人决裂。最重要的一点就是要顾及对方感受。同样的道理，想要受到听众的欢迎，那么不管在什么时候，都要多站在听众的角度去想，我的讲法、我的声音听众们喜欢听吗？千万不要因为声音像把利剑，而伤人伤己。虽说人无完人，但是只要你为人真诚，站在听众的角度去倾听，去了解什么样的声音容易让人接受，那么你依旧可以受到大家的喜爱。如果你先表示了喜欢，就算别人不是那么的喜欢你，也不会对你心生厌恶。但是如果你先对别人表示了厌恶，别人怎么能喜欢你？世上没有几个人愿意去喜欢厌恶自己的人。不管是对人还是对事，都不要先入为主，不要对别人抱有成见、怨怼。不管是做人还是演讲，只要你心胸宽广，以诚待人，结局肯定皆大欢喜。所以说心胸的大小也决定着音质的好坏。心胸小的人只顾及自己的感受，对许多事容不得、受不了，格局窄，那么气度就会愈缩愈小，这样是不会有好音质的。好的音质来自于内心，是心胸开阔的体现。心胸开阔了，就能时时为听众考虑，眼界变宽。虽然只是一念之差、一音之差，但效果是大不一样的。

在开口演讲之前，演讲者多讲讲听众的优点，声音就会变得谦虚恭敬，这样现场气氛就会改变，演讲者和听众的关系就会融洽起来。就算遇到尴尬的场面，他们也可以处理得游刃有余，让自己瞬间轻松地摆脱困境。

能够脱稿的演讲者，往往都拥有这种出色的音质。看似抛出一个轻飘飘的音，却如丝绸般光滑锐利，足以飞跃平川大海，不会被绊住。就算遇到成心使绊的人，他们也不过有一点摩擦，不会有多大的伤害。演讲者可以在整场演讲中靠着高品质的、出色的音质，创造出神奇的演讲效果，成为万众瞩目的中心。

我的朋友小艳，当年去参加主持人培训时，前一晚也是辗转反侧，难以入眠。最后，她终于鼓起勇气去参加培训一段时间。她不是一个害怕吃苦的女孩，不管有多大的困难，她都能克服。她也根本没想过自己的音质能变得那么好。当初她以为音质不过是依靠现场发挥，没有什么值得深究细琢磨的，可是当她动听的声音通过麦克风响起来的时候，她几乎都不敢相信那是她自己的声音。她一遍一遍地倾听着、感受着、琢磨着，没想到音质可以变得那么出色，有那么大的提升空间，可以达到更美、更动人的效果。她才明白自己曾经对音质的认识有多肤浅，原来音质对于演讲是至关重要的。音质是硬功夫，是一点一滴磨炼出来的，出色的音质都是经得起考验的。

之后她深深地沉浸在自己优美的声音里，直到听到大家雷鸣般的掌声，她才感受到了从未有过的自豪和骄傲。在接下来的训练中，她更加发奋地训练着自己独特而充满魅力的音质，不断地加强它的柔和性、感染力和穿透力，不断地把那些不切合实际的幻想摒弃，踏踏实实地塑造出属于自己的音质。

最终她找到了适合自己的音质，音质成了让她成功的有力武器，带给她无限的能量。在参加电视台的面试时，她灵巧地运用自己独特的音质，来吸引和打动那些评委老师。当看到他们脸上的笑容时，她的内心更加敞亮，笑容更加动人，整个人充满了活力。她知道她成功了，而原因就是利用了这种最具亲和力的音质。

现在，已经成为主持人的她，仍然在参加提高音质的训练，例如去参加朗读会等各种活动。正是这份孜孜不倦的追求精神改变了她，带给她很多的成就、快乐和享受，使她更加自信、美丽。她曾经对我说："巧妙运用音质，比语言更容易成功，有时候，我觉得我简直就是音质的产物！"

不是小艳对音质过分偏爱，而是出色的音质的效果太神奇。只要我们学会并且善于驾驭音质，脱稿演讲就能变得轻松愉快，充满能量、活力和魅力。特别是在气氛非常紧张和严肃的场合，演讲者委婉的声音显得情真意切，宛如饮一杯香茗、听一段音乐，让听众们的心情慢慢地放松下来，气氛变得融洽。这才是整场演讲的灵魂，是演讲成功的关键。

著名的演讲大师卡耐基曾说："你喜欢吃香蕉、三明治，但是你不能用这些东西去钓鱼，因为鱼并不喜欢它们。你想钓到鱼，必须下鱼饵才行。"每一个人都有自己钟情的声音，我们在向听众演讲的时候，要了解这群听众的特征，从而采取一定的应对措施。比如说我们面对的是一群年轻人，先不说他们的兴趣爱好，单从年轻人朝气蓬勃、热情十足这一点，我们就要运用昂扬向上的声音；如果我们面对的是一群老年人，老年人沉稳缓慢，我们就要采用心平气和的声音，耐心地讲下去。每个年龄段的心理需求都不一样，不同的音质满足了他们各自的需求，他们才愿意听下去。

出色的演讲者在面对听众的时候，都会适当地控制声音，避免不合时宜的声音出现。因为不合时宜，所以即使再好听，也达不到演讲者想要的效果。比如在现实生活中，大家都经历过令人恼火的事情，与他人沟通起来声音难免很难听，以至于产生不堪的后果。这些都是因为不能控制自己的情绪。如果能够控制自己，适当地缓和情绪，换种语气，换种声音，是不是就能让大家和平解决那些冲突呢？

使用得恰到好处的声音，可以让你调解很多矛盾。到什么山头唱什么歌，在整场演讲的过程中，针对不同的场景、听众不同的反应，运用不同的声调，才能把话讲到听众的心里去。为此，演讲者在演讲的时候，需要眼观六路、耳听八方，及时地了解听众的需求，运用恰当的语气和声音，来增添演讲者的个人魅力。或者通过对听众的观察和判断，主动出击，用自己独特的声音征服听众，营造出一种轻松愉快的氛围。接着演讲者再一步步阐述自己的观点，让听众接受起来也比较容易。只要演讲者能对现场做出精准的判断，了解听众们的需求，再采取相应的措施，那么这就是一场成功的脱稿演讲。

出色的音质是脱稿演讲的精髓，可以使整场演讲境况发生巨大的改变。就像有的人一开口，就能让别人敞开心扉，愿意和他交流、视他为知己。因为他讲的话那么朴实、亲切，打动人心，能使素不相识的人感受到心灵的温暖和情感的慰藉。所以无论是谁都愿意倾听这样的声音。在演讲中，只要你能愉快地和大家交流、互动，即使你的演讲内容不够深刻，听众们也不会对你有所埋怨。因为你已经最大限度地满足和迎合了听众的心理需求，使台上与台下的气氛十分和谐。

犹如穿衣戴帽追求宽松舒适的效果，出色的音质也追求这种效果。有出色音质的演讲者，往往是情感丰富、思路敏捷、反应迅速、善于灵活变通的人。他们可以根据不同的情况、不同的地点、不同的时间来改变自己演讲的音质。也就是说，演讲者能为了引起听众的注意而妙语连珠，为了打动听众而吐露衷肠。演讲者完全能够根据听众不同的兴趣和爱好，调整相应的演讲方式和不同的沟通方式；完全能够使听众化冲动为冷静、化偏激为理智、化悲观为乐观、化对立为友善，让现场气氛重新活跃起来；完全能够把握整场演讲的主题、内容和语言风格，使整场演讲的氛围协调一致；完全能够给听众们留下一个好印象。

这就是出色的音质，是打动听众的最重要的技巧之一。这种技巧看似不动声色，却已然在坦诚又朴实的言词中拉近和听众的距离，进入听众的内心，使整场演讲达到理想的境界。

演讲节奏的技巧

演讲，离不开演讲节奏的技巧。因为演讲的每一个字、每一个词、每一句话，都包含很多的内容，既有语速的快慢、语调的高低、语音的轻重，也有句子的停顿等很多的技巧。

这些技巧，犹如给演讲穿上一件漂亮的外衣，可以使那些平凡的语言熠熠发光，可以为演讲者增添无限魅力和自信。然后演讲者把要讲的每一个字、每一个词，都装饰得很生动，把心中的爱意和敬意，都藏在这抑扬顿挫的韵律里，随声音弥漫在整个演讲现场，让听众沐浴在这场充满强烈的节奏感的演讲里，感受着演讲者的真诚和亲切，可以在短时间内拉近与听众之间的距离。

因此，即使演讲者相貌平平，演讲有许多不足，只要善于运用演讲节奏的技巧，赋予语言不同的节奏感，该快的时候快，该慢的时候慢，铿锵有力，清脆分明，就能产生想要的效果。

当然，一般情况下，节奏和语速不能等同。语速是说话的快与慢，节奏却包括声音的频率、强弱、幅度。演讲的时候，语速自然，要不快不慢，柔和适中，节奏更要高低起伏、抑扬顿挫，才能深深地打动听众。如果演讲得过快，像机关枪似的一下子就把话讲完了，听众还没回过神来，根本没弄清楚都讲了些什么，这样的演讲等于白讲。就算有时候还有时间，还可以重复几遍，终究让人感觉不恰当。不论演讲者演讲节奏过快的原因是太过紧张，不自觉地加快了演讲的速度，还是想要表达的意思过于复杂、琐碎，想要把它迅速地讲完，都是只顾自己，没有考虑到听众的感受和接受能力。

前几年，单位组织过好几次的营销培训，请过好多的老师和专家。其中有一位年轻的营销管理老师，据说毕业于有名的学府，也曾著书立说，很有才华。但他的课，同事们的看法褒贬不一。虽然到现在，我们也在销售他的书，但在同事中间，他的口碑很一般。原因就是他演讲的速度太快了，快得让人跟不上。他很有才华，思维敏捷，授课经验丰富，处理问题时十分老练。对于十分专业的人士、高层的管理者，他这样的授课无可非议。但当时的我们毕竟是刚走出校门的销售人员，没有扎实的专业知识，也没有那么高的理解水平，他愈来愈快的语速，给我们带来了很大的负担和压力。

对我们来说，只有适合我们、能够让我们接受的，才是好的。如果我们接受不了，纵使他讲得再多、再高深，于我们来说都没有意义。他的一堂课听下来，大家都感觉很吃力。你必须全神贯注，因为你还来不及理解这句话的意思，他已经把第三句话都讲完了。到最后整堂课听下来，你的大脑一片模糊。

这样的讲课方式，直接增加了我们情绪及听力上的负担。“欲速则不达”，不管他的课讲得多好，对我们来说完全不见成效，而且还给我们留下清高傲慢的印象。这毕竟不是做节目，怎么讲，讲什么，全在他的掌控之中。这只是个讲课，为什么就不能根据我们的需求来讲呢？为什么就不能给我们讲清楚、讲明白呢？这样的讲课方式，能出效果吗？如果不了解听众，不能够设身处地地顾及听众的感受，这样的演讲有意义吗？

没有听众的认可和接纳，怎么能成功？成功的演讲，必然得打动听众，得到听众的喜欢和赞赏。其实不仅是在演讲中，就是在与人交往中，也是这样的。比如说我们的同事张敏，大家都很喜欢她，不仅因为她长得秀气，全身散发着一种飘逸的迷人气质，极具女性优美的神韵，温文尔雅，还因为她说话的声音和语速，总是那么温柔、轻盈。大家都喜欢听她演讲，那种轻盈、飘逸、雅致的声音，使她展现出独有的魅力。

也就是说，演讲的速度，没必要急如风雨，也不能太拖泥带水，要快慢适中。太慢的话，人听着吃力着急，没了耐心；太快的话，又给人造成负担和压力。只有不快不慢，心平气和，尊重对方，流畅自如地讲才是恰当的。

然后，在这样演讲的基础上，还要求演讲者再有技巧地讲，有节奏地讲。有节奏的演讲不是天生的，而是通过大量的朗读训练出来的。比如可以先学着用激情饱满、抑扬顿挫的节奏来朗读课文。至于读了多少、读的什么，并不重要，重要的是能够读出那种节奏感来，能体验到那种有节奏的感觉。尤其是现在的人，手机不离手，那么自己的朗读随时可以用手机录下来，听听是否满意。如果不满意的话，需要在哪些方面改进，就在哪些方面改进，在哪些方面努力。然后再不断地录音，不断地改进、完善，直到满意为止。慢慢地，你就能把握住最佳的演讲节奏，当快则快，当慢则慢；声音该高的时候高，该低的时候低，起伏均匀，使演讲更加容易让人接受。而且，可以根据演讲的内容和场合、听众的反应和情绪来调整演讲的节奏，让他们跟着演讲者的节奏，去享受演讲带来的快乐。

这种节奏抑扬顿挫，悠扬美妙，充满美感，声音像“大珠小珠落玉盘”般清脆；这种演讲者怀着极大的热情带来的演讲，体现了语言节奏的艺术。无论是过去还是现在，这种演讲依旧使得大家前赴后继，也成为世间最生动的音符。即使是一句朴实的话，也能讲得那么生动感人，令人久久地感动着、回味着，欲罢不能。我常常想，到底需要多高的艺术追求，才能有如此完美的演讲。那声音就像是用纤细的手指，敲击在钢琴的键盘上奏响美妙的音乐一样，带给我们美的享受。

演讲最打动人心的令人舒适的演讲节奏，是演讲最耀眼的色彩，怎么能不引起听众的注意和青睐呢？能将内在的优雅气质充分发挥出来，与听众产生共鸣，并奏响演讲者的华丽乐章，这正是演讲节奏的魅力。谁会不喜欢这样的演讲，谁会不喜欢这样令人感到舒适的节奏？

掌握打动人心的演讲节奏，是演讲者最高超的技巧。这个技巧不仅是以技艺为尊，还须有灵敏的洞悉能力，需要充分了解人心、人性和人情，让听众意识到自己的需求已经受到尊重。这是演讲者收获人心的关键，看似毫不费力，实则需要经历多次的磨炼，才能将其驾驭得游刃有余。这时候的节奏就是演讲的翅膀，正是伴随着这种优美的节奏，演讲才像插上翅膀一样轻松自如，听众们也都听得开开心心。

这完全是一种对艺术的追求，也是演讲者精心琢磨出来的。这需要演讲者利用好演讲节奏的技巧，去释放出自己演讲的魅力，带给听众不一样的享受。

情感的感染力

脱稿演讲，就是通过情感的感染力来深深地打动听众的。就像歌里唱的那样：“只要人人都献出一点爱，世界将变成美好的人间。”这就是情感的感染力，它的作用无比强大。只要情感到位，演讲真诚，那么这就是一场完美的演讲。

不管是哪一种演讲，都离不开情感的渲染。比如说以理来激发情感，以情来激发情感。哪怕是最理性最没有情感可言的演讲，演讲者也会酝酿情感，穷尽所能挖掘素材，利用一切方法来烘托气氛，激发听众的情感，和演讲者产生共鸣，进而可以升华这场演讲的主题，提高脱稿演讲的境界。

曾经有家科技公司要做产品宣传的演讲，在介绍产品之前，他们需要向听众讲解大段的理论知识。又因为是系列宣讲，所以要由三个人来完成。有个年轻人被安排做第一场的理论介绍，他拿到演讲稿后很郁闷，坐在那里沉默不语。旁边的李老师看到就对他说：“我曾经也遇到过这样的情况，一听到要向听众演讲那些理论知识，可把我愁坏了。”年轻人一听，赶紧看向李老师。李老师看着他急迫的眼神，微微笑着，教导他说：“无论演讲什么，都离不开情感。如果是有情感的演讲，我们就集中利用情感去打动听众；没有情感的演讲，我们就建立情感去打动听众。人都是有情感的动物，只要我们找到并且利用这种情感，总是能够打动听众的，你觉得呢？”

年轻人一听，立即眉开眼笑，说他知道该怎么讲了。

李老师说后来这个年轻人演讲得很好，他先讲了和这个理论有关的一个小故事，利用故事里的情感引起听众的共鸣，接着讲了大段的理论知识，依旧非常具有感染力和说服力。

通过情感的交流，演讲会更加具有说服力和感染力，就能拉近和听众之间的距离，这也是演讲成功的必然过程。演讲者演讲得愉快，听众就听得快乐；演讲者演讲得索然无味，听众自然就会无精打采。情感的感染非常重要，即使那些演讲词极其平淡，只要用饱含感情的语气讲出来，其间依然是余韵无穷。即使开始时演讲得毫无情感，演讲者也可以在演讲中不断地酝酿情感，逐步将听众打动。看到听众脸上露出满意的笑容，演讲者的内心是快乐和满足的，这种快乐和满足正是所有演讲者的追求。

凡是有实力的演讲者，都善于运用情感来打动听众的心。演讲者只要能让听众感觉到真情实感，让听众感觉到自身被尊重，那么演讲者很容易就能打动听众，赢得听众的好感，增加双方的亲近感，使演讲顺利地进行下去。如果不曾用心去挖掘情感，就无法感动听众，无法与听众产生情感共鸣，无法受到听众的爱戴。

我在报纸上看到过这样一个故事：有一位非常著名的学者，去监狱里看望被关押的朋友，但是朋友拒绝见他。监狱的领导知道后，邀请这位学者来给关押的犯人们上课。为了能见到朋友，这位学者就同意了。当他来到现场的时候，看到很多的犯人对他不理不睬。他心里早就做好了准备，他跟大家讲，小时候，他的妈妈丢下他跟人跑了，四十多年来，他一直在寻找妈妈。可是他刚刚才得知，几年前绑架他儿子并使其致残的人就是他的妈妈。他的话音一落，所有的犯人都目不转睛望着他，认真地听他演讲。

因为他用这个小故事来和听众交流，于是引发了这些犯人们的情感共鸣，觉得这位堂堂的大学者和他们这些犯人一样凄惨，继而对他十分同情和信任。然后在这样的氛围里，他的讲课自然就能被他们听进去。

演讲者也因此满怀欣慰，只要尽心尽力地去讲，只要怀着真挚的情感，把情感投入到演讲当中，就能时时刻刻打动听众。情感会让我们找到共同点，让我们有话可讲。因为生活是广阔和永无止境的，总是带给我们许多的感受和经历。纵使我们还不能领悟到生活的真谛，但通过我们的亲身体验，看到很多美好的事物，自己就会有一些生活感悟，产生特别深切的体会。这样的演讲才是成功的。

演讲者只要讲得情真意切，听众们听得享受，就说明演讲者已经能够驾驭情感，利用情感使演讲生动感人。不管讲什么都能够深入听众的内心，这样的演讲者才是优秀的演讲者。

第五章

言之有物的感染力

积累丰富的知识

脱稿演讲，考验着每一个演讲者的内在涵养、学识、兴趣、爱好等方面的知识。不管演讲什么样的主题，面对听众都能侃侃而谈，妙语连珠，显示着其非凡的演讲魅力的演讲者，常常令我们钦佩和羡慕。好像他们的脑子里有一座宝藏，储藏着无穷无尽的知识，张口就来，几乎无所不能、无所不知。

其实，谁都知道，世上没有天生的演说家。嘴皮子再厉害的人，肚子里如果没有墨水，讲来讲去都是些枯燥乏味的东西，也是难以打动听众的。想要打动听众，提高演讲水平，必须储备丰富的知识。因为知识越多，演讲的内容也就越有深度。

有这样一位优秀的演讲者，去参加一场国际性的交流会。面对众多来自全球不同肤色、不同语言的伙伴，这个演讲者演讲的时候底气十足，竟然使用了汉语、英语、法语、德语、日语等不同的语言演讲。而更让人震惊的是，在接下来的论坛中，他各行各业的知识都懂。很多人觉得吃力，好多考验知识储备量的问题都回答不好，前言不搭后语。大家听得晕头转向，但他却几乎参与了所有的讨论并发表演讲。当记者问他是怎么做到的时候，他说他这个人兴趣广泛，对各种知识都充满好奇心，什么样的书都看，也就懂得不少。因为他拥有大量的知识，那些知识他又都了然于胸，因此什么样的话题都可以参与讨论，什么样的语言都可以驾驭，真可谓博学多才。

听说那场国际交流会褒贬不一，大多数人认为他知识面涉及得太广，令人应接不暇。他也很兴奋，觉得从来没有体会过这样的畅快，储备了几十年的知识，到今日才有用武之地。好像涓涓不息的溪流，经过日夜不停地流淌，终于汇聚在这条奔腾的大江大河里一样。

知识是需要积累和储备的，平时要多下点功夫去学习，去吸收知识。拥有的知识多了，就有了学问，就不怕讲不出来。否则知识贫乏，知道得太少，讲来讲去就会讲那么几句，没有真材实料，遇到问题也解决不了。如果出现的问题再多些，演讲就几乎无法进行下去。

脱稿演讲需要储备丰富的知识，才能拥有气度和魅力，才能使演讲回味悠长，韵味十足。就像不经意间，陈年的老酒会有缕缕的幽香从坛底散发出来，沁入听众的心脾，让听众沉醉、迷恋到无法拒绝。也许短时间内无法看出来、感觉出来，但正如三毛所说，书读多了，容颜自然改变。很多时候大家可能都以为那些看过的书籍都没有任何作用，没有看到读书给人带来的改变，但其实它们仍潜在地发挥作用，这些都表现在你的气质里、谈吐上、胸怀中，当然也可能显露在你的人际交往和文学修养中。

要耐下心来去读书，尤其是从事演讲的工作者，更不能离开阅读，更要依靠阅读来获取丰富的知识。许多你曾经阅读过的好词好句，都可以为演讲所用，把它们变成日常表达的口语。或者你也可以在此基础上重新挖掘、创新，注入自己的思想，形成自己的特色和魅力。

所以在日常生活里要多阅读，多用心记忆，多积累知识。虽然一天两天、一个月两个月，看不出你和别人有什么区别。但是十年八年之后，肯定会有本质的区别。随着时间的增长，你的知识会越来越多。慢慢地，当发生从量变到质变的变化之后，你就开始有了收获。不管什么样的收获，什么样的知识，这都是积累下来的。

众所周知，司马迁写《史记》用了十五年；司马光写《资治通鉴》用了十九年；达尔文写《物种起源》用了二十年；李时珍写《本草纲目》用了二十七年；马克思写《资本论》用了四十年；歌德写《浮士德》用了六十年。这些古人早已告诉我们：时间是最公平的，不会亏待任何人的付出和努力。

没有任何一种追求随便就能成功。一位记者曾说，那位参加国际交流的优秀演讲者，在长达三十年的时间里，每天坚持学习五六个小时，真是难以想象他是怎么坚持下来的。

而这样坚持学习的好处就是不管演讲什么，你都拥有雄厚的实力和十足的信心。比起那些漠视积累知识的重要性，整天做着白日梦，妄想天上掉馅饼的浮躁者，真是天壤之别！那些人平时不肯吃苦，没有耐心，不努力，却幻想着掌握某些演讲技巧。在演讲的时候，想靠技巧取胜，想一鸣惊人是不可能的，世上从来没有那么容易成功的事情，所有的幸运都经过了艰苦的努力。成功都是给那些有准备的人的，很少有人可以侥幸取得成功。要想成功，必须拥有扎实的基本功和丰厚的知识文化，才能打造出结实饱满的自己，不管在哪一种环境里，都能赏心悦目，真诚悦耳，赢得听众的信任和好感。

能够让听众信任，将听众征服，还是要依靠知识的力量。知识丰富的演讲者对于自己要讲的话、要做的事，必定都有周全的考虑，这样一来，他们的言行都充满责任感和说服力。听起来很轻松，但其实这都是日常积累的结果，就像贝壳里的珍珠一样，都是真真正正地经过了千辛万苦，千锤百炼得来的。

我曾在书上看过这样一则小故事：一块高大坚固的礁石屹立在海边，海浪不停地冲击着它，想要把它击倒。高傲的礁石对海浪不屑一顾，嘲笑道："你这小小的浪花，怎能把我击倒？真是白费功夫。"小浪花没有动摇，还是日夜不停地击打着礁石。日复一日，年复一年，许多年后，巨大的礁石竟变得疏松了。当小浪花再次冲击礁石时，奇迹出现了，礁石一下被击倒了。小浪花能够击倒礁石，靠的是什么？靠的是坚持不懈的努力、日积月累的付出。只要踏实地去奋斗，就能创造出奇迹。

同样的，脱稿演讲的成功离不开知识的积累和储备。在我们的日常生活、学习、读书、看报和游览世界之时，都可以积累知识，增加经验和阅历。另外，"读万卷书，行万里路"，一个人既不多读书也不行万里路，就容易把自己局限起来。你既没有游览世界，也没有深厚的文化底蕴，怎么能讲出有水平、有深度的话，怎么能打动听众的心？

总而言之，要想打动听众，演讲者必须具备丰富的知识。知识是一个人的财富和力量，更是一名演讲者演讲的法宝。只有拥有丰富的知识，你才能在演讲中从容面对任何提问，解答任何疑惑，你看问题的眼光才不会那么肤浅。在此基础上，加上你得体的举止、精练的语言和睿智的思维，一定会让你魅力四射，让你成为一名知识渊博的演讲者，完成一场完美的表演。

关键内容的选择

在当今的生活中，脱稿演讲已经成为演讲者不可避免的演讲方式，因为人们需要一段轻松愉快的脱稿演讲来活跃气氛。但这种脱稿演讲，除了要学会相关的演讲技巧，关键内容的选择也同样重要。内容如果选择得清晰准确、重点突出，不仅能让听众听明白和明确演讲者的观点，还能凸显演讲者精彩的口才、渊博的知识和非凡的魅力，使听众信任和服从。

在第四届鲁迅文学奖的颁奖典礼上，中国作家协会主席铁凝发表了演讲。她在演讲中热情地讲道：“一踏入鲁迅先生的故里，我就真切地感到文学的气场、气韵生动起来，鲜活起来。鲁迅先生的风骨，穿越了七十年的时光，在这个庄重而清明的夜晚，与我们每个人的内心相对。云山苍苍，江水泱泱；先生之风，山高水长……鲁迅文学奖给作家带来的，不仅是荣誉，更重要的是责任。我们相聚在这里，就是要继承鲁迅精神，积极履行人类灵魂工程师的职责。继承鲁迅精神，就是要像鲁迅先生那样心怀广大，致力于文学对社会现实的关怀与担当；就是要像鲁迅先生那样，用极富创造性的艺术形式表现一个时代、一个民族的精神品貌。因此，对我们来说，今天在这里，不是终点，而是一个新的起点。”

因为这次颁奖典礼是在鲁迅先生的故乡举行，所以她有感而发，真切地抒发了自己踏入鲁迅先生故里的内心感受，表达了对中国文学工作者的敬意，深刻阐述了文学的价值和鲁迅文学奖的意义，明确指出了鲁迅文学奖给作家带来的责任，并号召大家从新的起点开始继承鲁迅精神，继而向前迈进。

这次演讲的材料内容，不仅符合颁奖典礼所在的场合，而且突出了鲁迅文学奖的活动主题，给现场听众以思想的启发和精神的激励。这也是每位演讲者应该具备的一种能力。

在演讲确定主题之后，必须有针对性地选择内容，凡是能够突出、烘托主题的内容就选用，不然就舍弃，不管那内容听上去有多感人、精彩。演讲的内容一定要契合主题思想，而且要真实，是有感而发的。因为内容的真实性对演讲极其重要，它不仅有很大的说服力，而且可以引发情感的共鸣。最典型的例子莫过于在公元前44年恺撒的葬礼上，恺撒的重臣安东尼为恺撒所致的辞。他讲了这样三句话：“他从前曾获胜边疆，所得的财帛都归入国库……”（这不是私心，而是公心。）“他听到穷人的呼唤，也曾经流下泪来。”（这不是暴君，而是富有同情心的好君主。）“那天过节时，你们眼睁睁地看到我三次拿皇冠劝他登基，他都拒绝。”（这不是野心，而是虚心。）就是这样看似简单的三句话，却被很多课本选入教材。因为这种紧扣主题的内容，没有过多的修饰，也没有多么激昂的情感，但却铿锵有力、准确无误地击向在场的布鲁图斯等人的心扉，支持和证明了演讲者的观点，具有无可辩驳的说服力。因为这三句话就是专门讲给布鲁图斯他们听的，他们是这三件事的当事人。如果那些人不在这样的场合，其他听众不了解这三句话的意义，那么演讲者讲这样的三句话也就没什么意思，也讲不到听众的心里、得不到听众的认可和支持。

只有选择听众能够接受、理解的内容来讲，才能讲到听众的心里。因为不同的听众，他们的理解能力和接受能力是不一样的。演讲之前，需要对来听讲的听众有所了解，针对他们的文化程度、兴趣爱好，把材料内容具体化、形象化，多用听众能接受的演讲方式来演讲。著名健康问题专家洪昭光教授通过举办健康讲座，来向全社会传播科学的健康知识。我印象最深刻的是他在题为“生活方式与身心健康”的演讲中，分析和讲解遗传的影响：“对于遗传的影响，我们简单用一个例子来说明一下。小白兔应该吃什么呢？本应该吃萝卜。但假如从今天开始，让小白兔改吃蛋黄拌猪油。蛋黄胆固醇高，猪油脂肪高。那么我们会发现兔子的身体会发生很大变化，四个礼拜后它们的胆固醇开始增高，八个礼拜后动脉又开始硬化，三个月后小白兔都得了冠心病。下面我们再换用鸭子做实验，让它们吃蛋黄拌猪油。结果却截然相反，鸭子就算天天吃，胆固醇也不高，动脉也没有硬化，更没有冠心病。唉！这就奇怪了，怎么兔子一喂就动脉硬化，鸭子就没有动脉硬化呢？其实道理很简单，因为兔子和鸭子的遗传基因是不同的。人也是一样，为什么张三一吃肥肉，胆固醇就高，动脉就硬化，冠心病也来了，而李四天天吃肥肉，什么事也没有？就是因为张三是和兔子是一个类型的，李四是和鸭子一个类型的。有些人吃这些东西就没事，有些人却会出大问题。同样你看，有的人吃得并不多，可就是瘦不下来，有的人使劲吃却胖不了，还是因为人的基因不同。有些好的基因遗传率100%，而有些却遗传得很少很少。”

因为来听洪教授讲解的大多是关注健康的普通老百姓，这些老百姓不了解医学的专业知识，也不关心那些专业，他们关心的只是自己的日常生活、自己的健康。如果使用专业术语来讲解，会给他们造成一定的压力，倒不如用这些老百姓都知道的兔子鸭子的例子，既通俗易懂，又很好说明，大家也都听得很开心，何乐而不为呢?

又比如，女作家毕淑敏在推广她的心理励志小说《女心理师》时，首发式选择在北京市监狱举行，目的就是想引起公众对心理话题、对特殊人群心理健康问题的关注。其间，重庆出版集团也特意向监狱捐赠了《女心理师》和《忧郁》等心理书籍。仪式开始之后，面对众多服刑人员，毕淑敏发表了一场名为“世界上最大的勇气莫过于相信奇迹”的演讲。她感情真挚地讲道：“心理是身体的奇迹，人获得幸福与否取决于心理是否健康。曾有一家报社作过一个调查：谁是世界上最幸福的人?结果最幸福的人依次为：给孩子刚洗完澡、怀抱婴儿微笑的母亲；刚给病人做完手术、目送病人出院的医生；在沙滩上筑起沙堡、看着成果的孩子；写完小说最后一个字、画上句号的作家。这些幸福，几乎人人都曾拥有，然而又有几个人能自己感觉到呢？”

毕淑敏是一名具有心理学专业的作家，她清楚地知道，幸福是一个人的美好向往。不管面前的这些听众犯过多大的错，曾经有过多大的过失，罪过多么的不可弥补，他们内心深处从来没有放弃过对幸福的向往。只不过，他们渴望的幸福过于偏执、狭隘，为了所谓的“幸福”，他们不择手段，铤而走险，最终走上了犯罪的不归路。这种不健康的

“幸福”，才是问题的关键。针对于此，演讲者揭示了健康的重要性。只有拥有健康，才是这个世界上最幸福的人。幸福的关键在于健康，尤其在于心理的健康。

毕淑敏的演讲方法就是心理分析和精神引导。她特意选用了符合听众心理需求的演讲内容，以及那些最鲜明、最有代表性、最能反映问题本质、体现演讲主题的内容，来准确地把握整个演讲过程，尽量使这些内容和听众的切身利益结合起来，让他们感到亲切、温暖。

所以，演讲之前一定要选择好要讲的内容，如果内容不能充分地表达主题，那么演讲者的逻辑思维就会混乱，无法进行概括提炼，最后就讲不到重点上。只有选择好内容，演讲才可以有逻辑、有层次、有重点，那么脱稿演讲才不是难事。

材料的创新运用

充满魅力的演讲关键在于创新。创新就是在原有的基础上创造出新的东西来，而在演讲中的创新就是同样的演讲材料，你可以讲出不同的主题，挖掘出不同的亮点来，经过自己创新而作的演讲，就是有你自己特色的演讲。

只有这样的演讲才能震撼听众，带给听众不一样的感受。比如说，有场以“逢场作戏”为主题的演讲，很多演讲者都把它当作贬义词来说，还列举了种种事例，警告大家不要逢场作戏，玩火自焚。但有一名演讲者却特立独行，从另一个角度出发，把它当作褒义词来看待，号召大家不妨逢场作戏，来体会不一样的乐趣，因为一个人快乐不如大家一起快乐。这种新颖的观点让众人耳目一新，惊喜不已。

这些被创新过的事例、材料，可以让听众对知识有深入的了解，思考的层次也越来越深，知识面也拓宽了，境界也开阔了。这样一来演讲者更容易取得演讲的成功。

创新精神是决定一个人能否成功的重要因素。谁都知道演讲的材料不管多丰富，都离不开日常生活，而大多数的材料，也都是从日常生活中或书本上获得的。人的一生会读很多的书，也会花费很多的时间专门学习书本的知识，即使那些知识不能够全部为我们所用，也让我们在生活、工作、社交、修养各方面有所认识，因为那都是和我们的生活密切相关的东西。如果演讲时把生活中的事例拿来就用，那么大部分的演讲就会千篇一律。只有经过认真的消化吸收之后，才能进行再创造。即对知识的运用，不要死记硬背，不要死搬教条，要有自己的想法，不管学到什么知识，在运用的时候都要认真对待，勇于创新。

但是要想做到创新，要想获得成功，就需要你在日常生活中一点一滴地积累，不断琢磨，不断学习，不断提升自我，而且这也不是速成的，需要花费一些时日。鲁迅曾说："无论什么事，如果不断收集材料，积之十年，总可成一学者。"学者之所以是学者，就是因为他们对某一事物的研究都经过了从量变到质变的过程，日积月累，他们逐渐有了自己的见解，并开始了创新性的研究，最终做出研究成果。这就是他们与其他人的不同之处。

在日常积累方面，如果你材料积累得越多，你的创新能力就越强。就像没有"临池学书，池水尽墨"的积累储备，就不会有王羲之笔走龙蛇的《兰亭序》；没有亲尝百草的积累，就不会有李时珍的医学宝典《本草纲目》；没有经过四十年光阴的收集、整理、思考，就不会有马克思享誉全球的《资本论》；歌德也正是经过了六十载的"笔耕"，才写出了举世闻名的《浮士德》。凡此种种都告诉我们一个道理："合抱之木，生于毫末；九层之台，起于垒土。"质的飞跃都必然经过量的积累。

思考也是创新的一个过程。没有思考就没有灵感，没有灵感就不会有创新，没有创新就无法打动听众，征服听众。创新就要你全身心地投入思考之中，在思考中，你才可以摸索出不一样的道路。所以你得不断地去拓展自己的思路，发挥自己的想象，为创新打好基础。

创新可以使演讲者出奇制胜，在演讲中脱颖而出。创新也是使演讲成功的重要因素。如果没有创新，即使你成功过，但那也许只是侥幸，你不可能永远都能获得成功。

不管做什么事情，只有创新才能形成自己的风格，走出自己的路。就像“五易画风”的齐白石老人一样，他是我国著名画家，曾荣获“国际和平奖”，但他对自己已经取得的成功永不满足，从不曾停下自己的追求，不断地汲取历代名画家的长处，形成自己作品的风格。他六十岁以后的画，和六十岁以前的明显不同。七十岁以后，他的画风又变了一次，甚至到了八十岁以后，他的画风依然在变化着。据说，齐白石的一生曾五次改变画风。正是因为老人有在成功后仍然不断创新的精神，所以他的作品才永远不会被淘汰，永远不会过时，永远保持着独特的艺术魅力和自己的风格，无人能及。

又比如独创一体的郑板桥，他是清代著名画家、文学家，自幼爱好书法，志向远大。然而刚开始时，不管他怎么勤学苦练，怎么反复临摹名家字帖，进步都不大。直到有一次练书法入了神，竟在妻子的背上画来画去。妻子问他这是干什么，他说在练字。妻子嗔怪道：“人各有一体，你体是你体；人体是人体，你老在别人的体上缠什么？”郑板桥听后，猛然醒悟到书法贵在独创，老是临摹别人的碑帖，怎么行呢？从此以后，他力求创新，把画竹的技巧渗透在书法艺术中，终于自成一体，形成了自己独特的风格——板桥体，带给大家莫大的惊喜。

演讲也是如此，谁都喜欢听新鲜的东西，如果多次听到的都是同样的演讲，当然会感到无趣。可是这世上哪能天天有新鲜的事情发生，谁又有那么多的时间和精力，时时刻刻地去关注和搜寻新的话题呢？于是就涌现了一批富有创新精神的演讲者。他们日夜琢磨着让那些旧话题从不同的角度、以不同的方式生出新意，或者以新的语言叙述，赋予其新的意味。他们从不会把已讲过的话，或者把已做过的事情，简单地重复一遍，而是有新意地重新表达，虽然跟之前所讲的是同一个意思，却充满了创意。

新意就是新的想法，不要讲同一句话，不要重复表达相同的意思。正如你不喜欢和别人穿一样的衣服，那么你一定不喜欢和别人说同样的话，所以要勇于创新。只要有新的想法就去做、去说，去大胆地尝试。这是一场奇妙的冒险，这场冒险可以引领我们走向更加宽阔的路，看到更加美好的未来。

就像每个人的演讲都有自己的风格，每一场演讲都有其独特的魅力。生活是变化莫测的，我们的思想也是在不断变化着。我们要在变化中坚持学习，在学习中坚持创新，用创新把那些旧话题表达得生动有趣，才能引起听众们的兴趣。只有在创新这条道路上精益求精、不断奋斗，才能使自己立于不败之地。

创新是一种可贵的精神，之所以有很多人仰慕这种精神，是因为创新实在太难。一旦你有了创新精神，再把这种精神带到生活的方方面面，那你的人生将会大放异彩。

通俗易懂的语言

读稿演讲在撰稿时使用的多为书面语，在讲台上一字一句读出来，很容易造成语言僵硬，缺乏节奏感，让听众产生听觉疲劳，失去注意力。但脱稿就不一样了，脱稿讲的语言不仅不会僵硬，更不会缺乏节奏感。另外，当我们脱稿的时候，我们更加倾向于使用通俗易懂的语言，这可以让我们的演讲更加流畅，并有利于听众快速理解。如果我们选择更加贴近生活的语言，那么听众也更愿意听，更喜欢听。

这些语言虽然普通，却很平和朴实，讲起来亲切、流畅，听起来舒服、自然，很容易打动听众，充满了真情实感。这是人与人交往的最好的交心方式，是脱稿演讲的最独特之处。这种通俗易懂的语言讲出来很容易感动大家，因为这是大家共同熟悉的语言，不管讲什么，怎么讲，听起来都贴心、温暖，哪怕讲的是很特别的事情，情节有很多欠缺，也能使听众听得舒服，心服口服。

这些通俗易懂的语言是很舒畅、容易理解、便于记忆的语言；是可以脱口而出、朗朗上口的语言；是站在听众的角度，从听众的需求出发，最容易和听众建立起信任和亲近关系的语言。这样的语言会给人朴素真实的感觉，能给对方温暖，抚慰对方的心灵。运用这种简单明了的语言，会带给听众一种真情实感。当你真诚地从听众的需求出发，为听众的切身利益着想，就能打开听众的心扉，获取对方的信任和支持。就像尼采的那句名言："由感觉产生一切信任，一切坦然的心境，一切真理的证据。"因为人都是感性动物，运用情感是演讲者最有把握、最能将听众打动的技巧，而情感表达得好坏就在于是否使用了通俗易懂的语言。

通俗易懂的语言比书面语要生动得多，也坦诚得多，不会显得做作、不懂装懂。每一句话，都表达了演讲者的真实感受。在进行通俗易懂的演讲时，也可适当地运用一些口语。口语的句式短小简单，容易理解，可以使语言富有生机和活力，营造轻松愉快的气氛。但也只是适当地，演讲毕竟不是闲聊，演讲需要丰富且有深度的语言。

通俗易懂的语言特点是朴实无华，在生活中很常见，谁都能听得懂。和听众们交流的时候，我们甚至可以随意和听众聊些家常。这样现场的气氛会更好一些，演讲者和听众之间也更亲切一些，又不失生动和趣味，完全凸显出脱稿演讲的魅力，更突出演讲者自己的特色。通俗易懂的语言既不是故作高深，使用那些抽象的笼统的语言，让听众听得似懂非懂，也不是平常演讲那样随便的口语。就像法国哲学家阿兰曾说过的："语句抽象总是糟糕的。你的句子里应放满石头、金属、桌子、椅子、动物、男人、女人。"因为演讲是动态的，你需要让词语"动"起来，需要充满力量和意识的跳跃性，跳到听众的心里，使听众浮想联翩、趣味盎然。那些没有意识变化、没有生机的语言，会使听众听得索然无味，失去对听演讲的兴趣。

也就是说，通俗易懂的语言也是有讲究的，也是本着打动听众的原则而使用的。演讲者要尽量使用能表现出真诚、与听众亲近、让听众喜欢喜爱的语言。这种语言的特点就是真实。鲁迅说：“只有真的声音，才能感动中国的人和世界的人。”

没有比通俗易懂的语言更能说服听众、打动人心的了。另外演讲者在用通俗易懂的语言时，也要用心演讲。一字一句都用心、用情，始终带着真诚，体现出对听众的尊重和对演讲的重视。在演讲过程中，演讲者可尽情地和听众交流、沟通，可放开地去讲，尽心地去讲，只要能让听众理解、明白，那就是成功的演讲。

温家宝曾说：“我最怕讲群众不懂的话！”他认为领导者必须站在老百姓的立场，真心实意地关注老百姓，体会老百姓的心情，尽量用老百姓的语言来演讲。我们可以看到当代的领导们也是如此，无论大会小会，都在脱稿演讲，都在讲老百姓的语言。这些语言既生动形象，又情真意切，老百姓也很容易接受。还有什么样的感情，能比对老百姓的尊重更感人至深；还有什么样的行为，能比走进老百姓的生活更亲民；还有什么样的语言，能比讲老百姓的话，更能赢取民心，获得掌声呢?

通俗易懂的语言，是最保险、最亲切、最能获取听众信任的语言，就像“鲜花和掌声固然是一种激励，但更重要的是人民群众的信任。胜败是法律的尺度，而信任是无言的丰碑”。所以对每一位演讲者来说，能够获得听众的信任，就是最大的成功。

语随境迁的艺术

语随境迁的艺术，就是在什么场合讲什么话，演讲必须要顾及场合。

不同的场合，有不同的气氛，演讲者需要讲不同的话，才能达到自己想要的效果，使演讲获得成功。因为不同的演讲场合，有着不同的语言演绎方式、不同的艺术风格。如果不顾及场合，随心所欲、信口开河，想到什么就说什么，不仅不受欢迎，还会引起听众的反感，破坏你的演讲气场。

演讲气场就是演讲内容和表达形式相结合而显露出来的一种气度和神韵。它反映着演讲者的控场能力，需要演讲者能根据演讲气场做出相应的判断，你会知道如何掌控全场，如何选择演讲内容。这也就是所谓的，在什么样的场合讲什么样的话。只不过，有时候场合难以被演讲者掌控，所以演讲者要学会判断，努力形成自己的气场，使自己在可掌控全场的前提下尽情发挥，时刻展现自己的魅力。

其实，如果你有机会面对众人发表演讲，在众人面前锻炼演讲能力的话，你将是非常幸运的。因为这除了使你的勇气得到锻炼、使你的视野更开阔之外，更重要的是你知道如何根据不同的场合讲不同的话，懂得如何使演讲获得听众的喜爱，如何做一场完美的演讲。虽然可能你只有一两次演讲的机会，但是你所学到的东西仍然比没有经历过的人多。

俗话说“一句话把人说笑，一句话把人说跳”，就是这个道理。脱稿演讲要求我们在演讲的时候，一定要注意场合，要增强语随境迁的意识，懂得根据不同场合对演讲内容和方式采取不同的措施。特别是有些时候，你需要好好琢磨一下，才能找到一个最适合的演讲方式。我们知道，美国最伟大的牧师华德比奇尔是位伟大的演讲家，他逝世于1887年3月8日，曾被评价为“改变了整个世界的人”。为了纪念他，作家莱曼·阿尔伯特应邀在即将举行的一次演讲纪念大会上，向那些因为华德比奇尔的去世而哀伤不已的牧师们发表演说。接到邀请后，阿尔伯特非常重视这次演讲，又急于表现自己，就把演讲稿改了又写，写了又改，在自以为修改得很好后，读给妻子听。妻子感觉丈夫这样做很不诚恳，因为华德比奇尔不是普通人，他的影响力非常巨大，她就对他说：“莱曼，这篇演讲稿如果刊登在《北美评论》杂志上，将会是一篇极佳的文章。”阿尔伯特一听就明白了她的意思。于是，他把自己精心准备的演讲稿撕掉，重新开始琢磨在那种演讲场合如何演讲，琢磨华德比奇尔那么伟大的人带给听众们的影响，把自己置身于那群听众之间感受着那种心境。就这样，他用心地去体验、去组织自己的演讲词。到后来演讲的时候，他甚至都不用看稿子，演讲词脱口而出，赢得阵阵掌声。因为他在用心演讲，所以他最终成为一代演讲大师。

当我们逐渐成长起来时，就会明白，适合的才是最好的，像阿尔伯特的文章，不管他的文采有多高，如果不适合演说，那就是不好的。适合当前的场合，迎合听众需求的演讲，才能讲到听众的心里去，听众才会有耐心听下去。常言道“说者无心，听者有意”，在各种场合下，随便把自己的心声吐露出来，不考虑听众的感受，其实是很不文明、很没礼貌的。尤其是那些心直口快的人，时常不看场合，觉得自己是率性而为，是一种真性情，实则恰恰相反。

语随境迁是人的一种修养。如果你怀着诚挚的心，去了解他人，懂得语随境迁，那么你就会变得包容、善解人意。如同体谅自己一样去体谅他人，该说的说，不该说的尽量控制住自己的嘴巴，不要多说，才是对他人最好的体谅和尊重。体谅和尊重也是相互的，你体谅和尊重别人，别人也会体谅和尊重你。你要让别人难堪，别人心里有怨气，自然对你有成见，说不准以后会寻机报复，这样肯定会造成恶劣的后果。你倒不如站在对方的角度，从他们的需求和意愿出发，讲些他们爱听的话，与他们更好地进行交流与沟通。

这些语随境迁的窍门，都是经过长期实践总结出来的，需要你用心地把握。每一个演讲者，在当众演讲的时候，一定要注意场合，考虑场合的影响，有意识地、巧妙地利用场合，把自己完全地置身于演讲现场，以一颗体谅之心，把话讲得恰如其分、恰到好处，又不失自我，这样不仅可以让我们的演讲更加谨慎、稳重和冷静，也体现了演讲者平易近人的一面，让听众听起来舒服，对于提升演讲者的演讲魅力和沟通能力，将有很大的裨益。

无论怎样的演讲，都要根据场合拿捏分寸，根据场合采取相应的措施。叶圣陶先生曾说：“讲究技巧最主要的是选择最适当的形式把真意表达出来。”可见技巧的根本点在于选择最恰当的表达形式，即语随境迁，来更好地表情达意。

第六章

思维逻辑的完美构建

不仅条理清晰，还要重点突出

我以前对脱稿演讲的认识有误解，自以为演讲的关键是一定要声音好听、语言美，但渐渐地发现这并不是关键，欣赏演讲其实欣赏的是思维逻辑。不管演讲的词语是华丽还是朴实，只要思维条理清晰，重点突出、饱满，不仅能够令演讲生机盎然，也能够令听众欢欣喜悦。

所以那些能够脱稿的演讲者，总是能够基于严谨缜密的思维与过往经验的积累，考虑有可能出现的各种状况，提前准备好逻辑完整、条理清晰、重点突出的演讲稿，这是他们最基本最重要的素质。

只要提前准备好逻辑完整、条理清晰、重点突出的演讲稿，在演讲的时候，不管出现什么样的情况，都能够把握住条理清晰、重点突出的演讲。条理清晰，思维才敏捷，表达才完善，哪怕是再朴实不过的寻常生活也要有重点、有突出、有条理，演讲者讲得明明白白、清清楚楚，听众听得轻松愉快、皆大欢喜。演讲不为各种状况所左右，才是有文化、有水平、有实力的演讲。

想要演讲，多读书多学习是必需的，有文化的人演讲起来自然条理清晰，自然而然能够吸引听众，带给听众一份美好心情。面对各种场景细节、听众心理都从容不迫，演讲中出现的那些问题都能迎刃而解，不好的状况也能慢慢改善，会使涣散的演讲恢复条理。可以兼容各种复杂状况，始终保持逻辑完美、无可挑剔的演讲。

这样的演讲不在讲了多少话，讲过些什么话，这些话有多精彩、漂亮，也不在有多专业、多高深。你应当明白这样的演讲是不能速成的，需要一步一步来，一点一滴地沉淀。得从内里先把自己点燃，如同恒星，本来也不过是星际尘埃，越聚越多，积淀的质量越来越大，才会有那么一刻，把自己整个地点燃了，从尘埃变成了恒星，照亮整个演讲现场。

脱稿演讲令听众们感到惊奇和惊喜。就像时隔两年，再次见到的旧同事许多多，她正在为顾客介绍荣事达的电压力锅，她口齿伶俐，层次分明，让我想起过去的她。以前开朗的许多多，主动要求来做销售工作，每天说个不停，但销售业绩却很一般。她后来有些灰心，说自己天天在白费口舌。但是有一天，一位顾客好心地提醒她，说她口才很好，很能说，但是说不到重点上，令她大彻大悟。她突然意识到自己演讲之前一定要过脑子，条理清晰、抓住重点也是对别人的一种尊重。她开始注意每种产品的优缺点、重点部分。两年下来，她取得了令人刮目相看的成绩。无论一个人的口才怎样，演讲时能够抓住重点才是重要的。即使是在我们的日常生活里，演讲时重点分明、突出，也能让一个平凡的、普通的人，化庸俗为文雅、化浑噩为灵气、化浅薄为深邃，从尘埃变成恒星。

成为有实力的脱稿演讲家，就是不管遇到什么问题，不管在什么样的状况下，始终保持条理清晰，始终能够抓住关键点，清晰地表达、准确地判断。始终确保自己的演讲顺利进行，掌控整个演讲过程。

事实上这样的实力，不一定有多高的学问，那些在日常学习和训练上很用心地坚持下来的演讲者，都有这样的实力。他们的能力都不分上下，平常根本看不出有什么特别，也没有那么多展现自己的机会。然而不管演讲什么，只要讲，每个演讲者的演讲即使有所不同，也都会有所收获，就是因为他们有非凡的实力。他们在演讲上曾经很努力，不停地学习思考，紧抓重点、条理清晰地准备好自己的演讲稿，方方面面考虑得周全详细。在演讲的时候，最大限度地发挥自己组织语言的能力，机智地讲出重点，不会耽搁听众的时间，影响听众的心情。即使是一场很短暂的演讲，三言两语也能做到演讲条理清晰、重点突出，完全体现出自己的实力和价值。

总而言之，他们对演讲尽职尽责，具有非常强的责任心，踏实、认真、仔细，是一个演讲家真正的实力所在。他们腹有诗书气自华，有浩然正气，器宇轩昂、卓尔不群，还会持续变强，展现出条理清晰的过人智慧。那种自然地散发出来的神采和光芒，甚至可以透过表面展现出来，让人只看一眼，就知道这个人很有实力。这实力不是装一装就能装出来的，也不是秀出来演出来的，是天长日久的积淀，是潜心修养出来的。

这样的演讲必然条理清晰、重点突出，而所有的演讲者只有先演讲得有条理、有重点，才能在演讲这条道路上愈走愈远。

切入点精准而明确

演讲的“切入点”就像一段素锦上的“亮色”，分外耀眼，明人耳目。在演讲的过程中，会闪耀着湛亮的光芒。

“切入点”，通俗地说就是演讲主题的起始点，就是从什么地方开始讲起，用怎样的话题和方式来入题比较好。切入点要切入得好，就是入题入得巧、入得妙，会有穿云裂石的震慑力，可以激发起听众的热情和兴趣，演讲者也愈发有信心讲下去。

这是演讲对脱稿演讲者最起码的要求，除了演讲的观点要明确，还必须切入得精准。一针见血地切入，一气呵成，就可牢牢掌控整个现场，令听众的精神为之一振，聚精会神地听下去，这也是演讲成功的关键。这不仅会给演讲注入鲜活的生命力，还会把整场演讲推向高潮。曾经我有位很优秀的演说家朋友，他的演讲总是如此具有“神力”，正是这种“神力”打动了无数听众，使他的演讲一次次获得成功。因为他在演讲的时候，依靠的不单单是语言和内容，更多的是找对切入点，让这个演讲看起来鲜明、炫目、与众不同，使他独具特色的演讲变得越来越优秀，越来越光彩、卓越。这种做法对听众和演讲者的影响是巨大的。

哪怕是切入一两个字、词，只要懂得其间的奥妙，吸引那些听众，使他们身心一振，情不自禁地投入进来，认真地倾听、思考，就是使演讲者最为高兴的事情。因为能够在关键时刻，改变整场演讲的气氛，从此开始向着演讲所希望的方向发展。

所以每位演讲者，都会在构思演讲稿、确立主题、选择好演讲材料之后，用心地选择一个最佳的角度、最佳的切入点、最佳的切入方式来进行切入。最常见的有以下几种：

第一种是找准切入的时机，果断切入。比如演讲的主题是人生感悟，或者体现生活真谛的哲理性，这样的演讲不仅要用些哲学语言，最重要的是要有具备哲学意义的思想，囊括有价值的观念。这样的演讲者大多知识渊博、懂得哲学思想，常常会借与主题有关系的名言、诗句、典故切入，为演讲主题创造一种氛围，增加演讲的力度和深度。如果演讲的主题是有关情感方面的，则会借助一定的想象和美妙的修辞手法，或者适时地配以情深意长的诗句，用一种近乎诗化的语言来演讲，充满诗情画意，谁能不动情呢？又或者以一则典故，通过类比、联想，唤起听众的想象，使演讲的内容更加形象，更加突出演讲的主题，揭示其深刻的意义。

第二种是运用悬念，顺势切入。悬念是演讲者匠心独运的嵌入点。因为人人都有好奇的天性，越看不清楚的越想看仔细，越听不到的越想听到。人的好奇心一旦被勾起，必得苦苦探索结果。聪明的演讲者，早就揣摩透了听众的心思，瞅准时机，抛出悬念，勾起听众的好奇心。在他们心情迫切地想要了解谜底时，演讲者再破悬念，顺势切入主题。这样的切入点有种恍然大悟的快感，蕴含着奇特的力量，促使我们勇往直前。这样的演讲怎能不打动人心?

第三种是利用故事的吸引力，出其不意地切入。有人曾说故事是万能的，它的吸引力也是很强大的。演讲者讲故事时，初听起来平平淡淡，似乎随意地讲，其实暗藏玄机，讲着讲着，往往就能出其不意地切入演讲的主题。如果演讲的故事情节曲折，感染力十足，会让听众听得更加兴奋欢快，更容易接受，比其他的任何演讲都能引起听众的兴趣。因为通过故事来切入，不仅可以使演讲的主题更加生动、鲜明，更富有趣味性，还能让听众产生联想、回忆或者憧憬，把思绪迅速地带进要演讲的内容，触发听众的感慨，得到听众的回应，从而收到最理想、最美好的演讲效果。

第四种是以奇特的思维来切入，出奇制胜。有的演讲者别出心裁，不走寻常路，常常会以逆向思维的方式来切入，来摆脱听众所熟知的视角和固有的想法，出人意料，独树一帜，与听众的心理逆向而行，让听众惯常的思维和经验受到冲击，在听众的诧异中带给人们新思路，给听众启发，调动听众的积极性，使演讲渐入佳境。这样的演讲体现了演讲者对脱稿演讲的重视，以及对新事物的真知灼见，可以使演讲取得意想不到的效果。

当然，演讲者也可以使用逆向思维，创新思维，同样可以引起不同凡响的启发。比如杨澜在一次演讲中讲道：“我的女儿先后在公立小学上小学和国际学校上中学。有一次我问她两种学校的教育方式有何不同，她说在本地的学校，老师总是让我们别犯错误；在国际学校，老师鼓励我们不要怕犯错误。”“别犯错”和“不要怕犯错”是两种不同的教育方式，杨澜以此作为演讲的切入点，一下子就让人思考这两种教育方式孰优孰劣。我们可以从不同的角度看待问题，然后进行分析、对比，不管什么样的结果都会使人获益多多。

因为见惯了那些从正面切入主题的演讲，这样以逆向思维切入主题的演讲带给听众的感受就很“震撼”。因为它不抄袭前人，独辟蹊径地进行构思，创造性地进行探索，会产生与众不同的演讲效果。只要演讲者积极地去学习、实践、琢磨、研究，是不难找到这种最佳切入点的。

当然，每个演讲者的性情不同、兴趣各异，就像每个演讲者都有自己的演讲特色，每个演讲者都有自己独特的切入方法。不同的思维技巧会有不同的切入方法，切入方法可以是五彩斑斓的。但是不管怎样切入，只要切入点能切中要害，切得精准而明确，就会带给听众不一样的体验。它能为演讲的顺利进行绽放夺人的光芒，引起听众的注意，摸透听众的心理，使其更容易、更乐于接纳演讲者的观点，也可以使演讲者所讲的主题更加鲜明集中，充满演讲应有的说服力、鼓动性和艺术效果，自然能够取得好成绩。

那些素质高、有才华的脱稿演讲者，时常会凭借自己匠心独具的切入方法，使整场演讲获得成功。哪怕是从不曾准备过的演讲，也可以表现出与众不同的美和魅力。因为他们演讲时从不会太注重言辞的华美和演讲的技巧，因为这些大部分的演讲者都擅长、驾轻就熟。他们要的就是与众不同，就是演讲过程中对切入点的准确把握。不管在怎样的状况下，都能够拥有这种切入的能力，看似轻松、平淡，却往往蕴藏着非同一般的力量，这才是最高超的演讲智慧和才华。

先动脑再动口

那些精彩的脱稿演讲，听着侃侃而谈，好像脱口而来，其实都是先动脑再动口，在话讲出口之前，已经在脑海里进行过必要的选择、思考，进行过修饰之后才讲出来的。

毕竟演讲是面向大众的演说，带着一定的目的和功利，尽量要保证万无一失，因为话一旦讲出去，就再也收不回来了。尽量要多动动脑子，一句一句地讲下去。话不在多，正确就行。美国政治家富兰克林曾经说过："失误可以很快弥补，失言却可能永远无法补救。"为了避免失言造成难以挽回的后果，演讲者总会加倍地付出。

菲菲是我的表姐，她在太原上学的时候，是学校里有名的笔杆子，她的很多文章都出现在校刊上、墙报里，学生会很重用她。在学校举行的一次大型的交流会上，学生会临时决定由她负责去采访学校的康副校长。她一走进去就紧张起来，因为来自乡下的她从来没有见识过这样的大场面、这么多严肃的大人物，而且她之前也没有充足的准备，就哆嗦着问："康副校长，听说这次交流会是您一手策划的？"康副校长面无表情地答道："不是。"其实话一出口，她就知道自己说错了，怎么能用“策划”这个词呢？她几乎是逃也似的跑出了会场。

之后，再有什么活动，学生会都不叫她参加了。那之后很长的一段时间，她都很失落，不敢开口演讲，唯恐自己讲错了。她的自闭症就是从那时候开始的。尽管她的文章仍然写得很好，学生会主席在写毕业论文的时候还特意去找她帮忙，但是那一次失言所造成的影响，永远无法改变了。在她毕业的时候，品学兼优的她也在系主任送去申请留校的名单之内，最后却被康副校长否决了。

将近二十年过去了，她依然无法释怀，虽然在亲友们的帮助和开导下，自闭症并没有影响到她的正常生活，但是那次经历却影响了她的一生。

其实有很多和她一样的人，因为一次失言被折腾得苦不堪言。然而谁又能保证永远不说错话呢？说话和吃饭一样，不能每一顿饭都吃得爽口香甜，不能每一句话都讲得顺人心意，总有慌不择言或者言不由衷的时候。

我们能做的就是要尽量避免说错话，话在讲出去之前先要过过脑，在脑子里思量一番。在脑海里思量得越多，演讲的底气就越足，越有说服力，常常能够把生活中那些不能轻易讲出口的道理和一些似是而非的东西讲得明白无误。这样的演讲，才不会被任何事物所击倒，即使是陷入最复杂的困境，也能坦然且积极地去面对。

我们口才培训班的李强老师，课堂上曾给我们讲过他自己遇到过的这种情况。有一次他在演讲的时候，讲到有位环卫工人倒完垃圾就直接拿了东西吃，很不讲卫生。话音刚落，就遭到某些听众的围攻，说他歧视环卫工人。从有人带头打断他的演讲，到大家七嘴八舌地起哄围攻他。他没有慌乱冲动，没有再多讲一句环卫工人的事情，不管听众们怎样和他叫嚷，他都能把话题转移。因为环卫工人并不是他演讲的重点，他没有被这些拿来就说事的听众们左右，始终在讲他的演讲主题即“卫生对人类的影响”。他很果断地告诉听众，卫生才是他要讲的话题。他就这样很坚决地坚持着他的演讲，直到把听众的心思完全吸引到他的演讲主题上。

事实上，这个世界如此繁杂，说出来的话不都能表达清楚我们的意思。有些话，说者无意，听者有心。你认为正确的话，别人不一定认为正确。对我们有用的话，能被我们所用的话，不一定对别人有用，能被别人所用。只要去讲我们应该讲的正确的话，就可以了，其他多余的话不必多说，说多了并不见得就好，还有可能引来不必要的麻烦。就像读一本书，没必要全部背下来，只要记住我们需要的就可以了。

所以说，成功的演讲不是随随便便就能做到的，如果不曾过脑，不曾经过深思熟虑后开口，遇到某些突如其来的状况，就会令人措手不及，慌不择言。只有先经过脑子，认真思考，才能培养高度概括语言的能力。正如“胸中有丘壑，肚里有乾坤”，越经过深思熟虑的演讲越会成功，越能提高演讲者的综合素质，以及对演讲知识和语言的驾驭。唯有经过缜密思考的演讲，才能在演讲的过程中化险为夷，继而迅速把握住演讲的重点，抓住语言的本质，顺利地完成演讲。这是每位脱稿演讲者都应具备的实力。

讲得通才讲得好

演讲的成功属于那些语言表达通畅的演讲者。语言表达通畅，逻辑思维就完善，就能够得体地脱稿演讲。脱稿演讲，就是一个不断去讲，力求用语言把想法表达出来的过程。

这个过程的练习也要讲究正确科学的方法。著名的演讲与口才培训专家、财经作家、营销与管理顾问樊荣强导师的《二十天练成脱稿演讲》中提出了最实用、最科学、最严谨的脱稿演讲训练，需要的朋友们不妨看一下。很多的口才培训班，都选用这本书作为教科书。当我看到这本书时也是非常喜欢，书里讲到好多重点，我几乎是逐字逐句地背了下来，用在我脱稿演讲的学习和训练当中，起了很大的作用。并且这也印证了我这样内向羞怯、不善言辞的人，也可以把语言表达得通畅，做一场完美的演讲。

只要我们坚持用科学的训练方法来训练自己的语言表达能力，就可以事半功倍，提高语言表达的能力。比如每一次练习演讲时，注意那些演讲的内容怎么来讲，讲得怎么样，有哪些进步，有哪些不足，有哪些需要不断完善、不断改进。每一次演讲都要力求有所进步。这样一次次地坚持下去，语言表达能力就会一次次地提高，完美的演讲都是这样坚持训练得来的。用心地去体会、去练习，去耐心地琢磨，别妄想一两次的练习就能见了成果。那些能够脱稿的演讲者，都是花费了大量的心血和精力，都是经过一个漫长的发展过程，才一步步地成为一个不管讲什么，都能讲得很好的脱稿演讲者的。

讲得好，就是讲得通。谁都知道，演讲不是那么容易的事情，多少人讲着讲着就开始语无伦次，东一句西一句，或者滔滔不绝地讲了那么多也没讲到重点上，令听众们叫苦连天。虽然现今时代的口才已经不仅仅是演讲的能力，随着社会的进步和发展，口才的文化包含了很多，比如说肢体语言、观察能力和思维能力等，但要想在演讲上有所收获，必须基本功扎实。如果基本功都不扎实，还谈什么进步与发展?

讲得通是演讲的基本功。讲得通听上去挺容易，演讲谁不会?但要真讲起来，却不是那么回事。同一个意思每个人讲出来都是不一样的，有的人讲得条理清晰，别人听得明明白白；有的人讲得云里雾里，别人听得一知半解、摸不着头脑。如果内容越晦涩、深奥，就越发能检验一个人的演讲水平，因为讲得通自然才能讲得好。

讲得通不在乎语言的多少，以及语言的华丽程度。讲得通是思维清晰。这不是与生俱来的，需要经过长期的训练和学习，平日里多学习、多训练，就像斧头虽小，但经历多次劈砍，终能砍倒坚硬的橡树。经过多次训练，一定会把那些影响语言通畅的毛病逐渐克服掉。

要耐下性子来，一点一滴地来琢磨、学习。不能急于求成，要像小时候学习那样，可以给自己准备一个进步本，用来记录自己每天演讲的训练情况、进步程度。哪怕每天只讲一两句话，讲讲今天做了些什么，每天也都有进步。比如今天的演讲比先前好多了，语言表达能力明显提高了，明天我要把演讲表达得更通顺。每天一个小小的鼓励，一个小小的目标的实现，不断地累积起来，就会有非常大的变化。

此外，每次上台演讲时，不论上台的演讲有多短暂，都要认认真真地对待。哪怕是一次练习，也要当成正式的演讲，用最通畅的语言来表达，不仅要讲得通俗易懂，还要讲得通。一个演讲者作演讲的态度，是严肃仔细、认真对待，干什么都要用心，尤其是训练，必须持有谦卑的心态，不要以为怎么讲都是讲，不能随随便便在台上讲一些话，走一圈，就下去，这样达不到提高演讲口才的效果。必须有一个积极向上的态度，脚踏实地，才能不断地提高脱稿表达的能力。

许多人演讲那么久依然不能够出类拔萃、功成名就，不是因为他们不够聪明——人的聪慧程度没有多大区别，也不是因为他们没有机会——就算没有机会也可以创造机会。这些都不是不能够成功的因素。虽然影响成功的因素众多，没有非凡的语言表达能力，就不是所有的演讲都能驾驭。就算是有些简单的演讲，也不一定能讲得完美。为什么刚开始的时候，大家都是一起学演讲，可是到最后，能够有成就的总是寥寥无几？因为大部分的人，初时还信心十足，不久就懈怠了，尤其是遇到困难时，再和别人一比较，觉得别人讲得就那么完美，自己总没有别人讲得好，比着比着就没了兴趣，坚持不下去，中途撤离。这样自然不可能享受到演讲成功的滋味。演讲这种艺术，不是听一句讲一句就能成功，而是需要多讲、多实践、多琢磨，甚至经过重重障碍，才能慢慢地成熟。

这也是讲得通的魅力，蕴含了太多的东西，需要打开心扉，用心去体会、琢磨。坚持一段时间后，自然就会讲得通。讲得通才是讲得好，不管演讲什么，讲通了、顺畅了，继而才会热情饱满、兴趣浓厚，声音才会更加洪亮、更有穿透力，演讲才能成功。

演讲在实践中提高

演讲必须经过一次次的实践，才能够不断提高，到了一定的程度，演讲时就会激情满怀、张口就来。实践是一种可以化腐朽为神奇的能力。那些能够站在演讲台上的脱稿演讲者，能够脱稿演讲成功的关键，就是经历了无数次的实践和考验。实践是脱稿演讲必经的过程，只有通过实践才能抵达成功。

实践是一条漫长又坎坷的路。每个踏上这条路的演讲者，行走的过程都不一样。有的人实践得比较顺利，有的人实践得磕磕绊绊，不是那么顺当。在磕绊的过程中，练习着、摸索着，总会有那么一段感到精疲力尽的过程，置身在四周没有鲜花、掌声，没人注视的环境里，不禁有些懈怠，有些疑惑，不知道这样练习下去是否会有收获。这个时候，千万不要动摇，要一遍遍地自我勉励。这种练习对演讲成功的重要性很大，你甚至要狠下心来，一定要顽强地坚持下去。世上很多的事情，最难把握的不是一生，只是一念。直到某个时刻，你会蓦然发现，这一路上的磕磕绊绊，已经孕沙成珠，分外夺目。即使演讲得还不是太精彩，但是演讲者的修养和水平已经得到了很大的提高。对演讲、听众、社会以及这个世界，已经有了独到的认识和感悟。就像我先前提到的儿时伙伴小艳，从梦想萌芽开始，她就暗暗努力，无论在学生时代还是到了社会，她都不曾放弃，抓住了每一次实践的机会，才终于等到最后的成功。我们大多数的人和小艳一样，都是平凡的，没有那么高的天赋，要想在芸芸众生中像一颗晶莹的珍珠般焕发出夺目的光芒，就必须得努力。只有经过不懈的努力、实践，才有可能成功。

成功离不开一次次地实践。实践要勤勤恳恳地像老黄牛一般踏踏实实地往前走，再难的路程也要走，再陡的坡也要上去。不能怕苦怕累，好高骛远。无论是演讲的收获，还是演讲者良好的气度风姿，都是经过潜心的学习研究而不断提高，通过实践不断增强的。可惜如今的社会发展迅速，很多人追求速成，尤其是许多口才速成培训班也应运而生，以技巧、策略等各种不同形式的训练来打造口才的成功。而这些技巧的东西，毕竟不是真正的实力，有些还可以拿来学习，有些是只可意会不可言传的，想要速成根本不可能。尤其是那些速成培训出来的东西，和踏踏实实实践过来的经验，完全不一样。纵使技术性的教育也一再地强调，会注重实效和功用两方面的培训，但培训的时间已经限制了，根本没有那么多的时间来研究、琢磨。而且那些寻求速成的学员，大多心性浮躁，重功用而不重修身。

庄子说过："其奢欲深者，其天机浅。"一个有修为、无欲念的人，才会自我提高。当他去面对众人演讲的时候，知道站在别人的立场上，去尊重别人。他有这样清晰的认知，所以他对外部的社会，也是充满友爱和热忱的。

像刚才所说的那些追求速成的行为，多是在外在做文章、攻技巧，不去注重自己修心养性的功利行为。这种行为实际上会适得其反。因为内在的贫瘠，是无法依靠外在的装饰强大起来的。外在的装饰越繁复，内在的气度则越廉价。毕竟现实和理想总有一定的差距，就算培训老师讲得很全面，讲了所有可能发生的情况，但最终你面对的也有可能与老师教授讲的状况大相径庭。也就是说，即使平日里已经积淀下丰富的经验，也不一定能够完全掌控整个演讲，如果再不曾实践过，情况将会更糟，更没有把握。

实践出真知，是检验演讲水平的唯一标准。只有经过不断实践的演讲，才能称其为有实力的演讲。虽然也蕴含着一定的技巧，但更需要磨出来的灵性和悟性，才能达到演讲的最高境界。然后才会有那么一刻，你的演讲的能量突然爆发出来，魅力四射，照亮整个演讲现场，照向未来。

每一次演讲，演讲者都会费尽心思、呕心沥血地想要超越上一次，将那些丰富的知识，进行无数次的强化实践，使演讲者的演讲表达得更精练、准确，更富有逻辑性。逻辑的完美构建就是演讲在实践中的提高。只要演讲在实践中开始有所提高，跟在演讲后面的各个能力的提升，都是自然而然的，根本停不下来。

第七章

情感共鸣的巧妙形成

寻找与听众共鸣的窍门

演讲，不是简单的“演”和“讲”，不是仅凭自己的一己之力就能成功的。尤其是脱稿演讲，须寻找与听众共鸣的窍门。

这些窍门是最有技巧、最有价值的演讲艺术，就像耀眼的明灯，照亮自己的同时也照亮听众，温暖听众，赢取听众真心的喝彩。它在演讲的过程中十分重要，能够迅速拉近演讲者与听众之间的关系，引起听众的注意力，激发起听众的兴趣，演讲的效力才能真正地形成。因为演讲的效力不是由演讲者自己来决定的，是由听众的想法和兴趣来决定的。要让听众满意，让听众明白演讲者是想方设法地在为他们着想的，是站在他们的立场上，从他们的需求出发，去演讲一些能够引起他们关注的、喜欢的事情的。只有听众能够感觉到演讲者自己所能感觉到的，才能对演讲者的演讲产生兴趣，同意演讲者的观点，愿意支持演讲者的演讲，分享演讲者的快乐，分担演讲者的忧苦，彼此之间才能产生感同身受的共鸣。

共鸣的产生需要一些小窍门，而最好的窍门当然就是兴趣。

兴趣是寻找与听众共鸣的最好的窍门。去演讲听众感兴趣的，与他们兴趣有关的话题或事情，能够迅速找到与听众的共同点，引起听众的注意，保证接下来的演讲畅通无阻，以及与听众间和谐密切的关系。这种说听众最感兴趣的事的演讲，可以架起演讲者和听众之间有共鸣的桥梁，可以使演讲者成为与听众沟通的高手，让听众满意。因为演讲如果没能让听众如意，听众会懈怠，会对演讲产生反感。不管演讲者有多能讲，讲多少，都没用。只有让听众满意，不管用什么样的办法，只要能充分说服听众的就是最好的办法、最好的窍门。

赞赏是寻找与听众共鸣的最直接的窍门。赞赏听众会使听众愉快，被赞赏者的愉悦回报也会使演讲者自己感到愉快，从而形成美好而微妙的关系。人人都喜欢被赞赏，每个人都有值得赞赏的优点，只要听到别人夸赞自己，内心总是喜悦的。如果在演讲中，乐于赞赏听众，善于夸赞听众的长处，听众与演讲者之间关系自然融洽，产生和谐美好的氛围。当然这些赞赏必须是诚实的真心的赞赏，只有真心实意才能走进听众心灵，他们才能心甘情愿同意演讲者的观点，和演讲者站到一起来，与演讲产生共鸣。

低姿态是寻找与听众共鸣的小窍门。如果演讲者小心谨慎、毕恭毕敬，自然会体会到那一低头带来的海阔天空。既尊重了听众，又巧妙而有条不紊地按照自己的原定计划来打动听众，使他们心悦诚服，主动接受这场演讲。因为，当演讲者站在演讲台上演讲的时候，就如同被展示出来，被众人瞩目、围观，言谈举止的每一面，台下的听众都看得清清楚楚，倘要露点儿优越感的东西，会令听众反感，有可能功败垂成。所以要低姿态，要谦虚点儿、虚心点儿。这样可以激发听众强烈的自我存在感，获取听众的尊重。因为演讲者一谦虚，听众就满意。听众满意之后，演讲就有可能成功。

互动是寻找与听众共鸣的最和谐窍门。演讲时，需要想方设法地从听众的立场出发，竭力寻觅符合听众天性的行为，比如邀请听众的参与，与听众进行互动，从而来吸引、激发听众对演讲的兴趣与参与感，同意演讲者的观点。我曾经听过这样的一句话："如果说讲台上的人和讲台下的人之间隔有一堵墙，那么利用听众的参与，便可推倒这堵墙。"确实如此，利用听众的参与，来强化认同这场演讲，或者是与听众进行互动，让听众讲出自己的真实想法，激发起听众的表演欲望和参与感，这符合人的天性。当听众感觉到自己被尊重、被认可、被重视，肯定会满心欢喜，对演讲者的演讲的注意力和兴趣自然会显著提升。因为互动与参与，让他们觉得自己不仅仅是听众，还是这场演讲的一部分。

征服是寻找与听众共鸣的必经的途径。拿什么来征服听众？恐怕所有的演讲者，都竭尽所能地思考过。它除了让演讲者满怀信心，胸有成竹，保证演讲的主题和观点准确无误外，还对有把握、有能力去征服听众完全有用。最重要的就是情感，因为，在演讲的实践中，考验的不仅仅是演讲者的耐心，还有真正诚挚的情感。情感是始终可以供演讲者依赖，可以走进听众的心灵、引发听众共鸣的重要法宝。否则，不管演讲者的演讲多有道理，也不管听众们如何通情达理，这条道路上始终有千难万险。只有运用情感，以诚相交，才能金石为开，才能征服听众。

除此之外，还有很多很多的方式、方法和窍门。不管运用哪一种方式、方法，寻找哪一种窍门，最好最有效的就是能够迅速与听众融为一体。

几乎每一名成功的演讲者，都是凭这些窍门，慢慢地进行实践、练习后走向成功的。因为任何的脱稿演讲，都是演讲者与听众之间面对面交流，直接传递信息的过程。纵使演讲者在演讲前，做过充分的准备，但世事难料，每时每刻都会有意外发生，没人敢确保这一场演讲能顺顺利利，说不定这一句讲过之后，就会发生一些出乎意料的状况。演讲者就需要随机应变。这个时候，如果已经掌握了一定的诀窍，并迅速找到与听众的共鸣，得到听众的支持，演讲就能继续进行下去。

充分调动起听众的热情

听众的热情永远是演讲者的动力，给演讲者以温暖和力量。一场成功的演讲离不开听众的热情。

也就是说，要想演讲成功，必须善于找到与听众的共鸣，调动听众的热情。只有充分调动起听众的热情，才能使演讲者满怀信心，从而使演讲充满活力，使演讲者与听众达成一致，拉近彼此间的关系，享受由此带来的精彩。所以说，只要能充分调动起听众的热情，就向成功迈进了一大步。

像我曾经在《演讲与口才》杂志上看到的一篇文章，就是关于演讲者如何激发听众共鸣、点燃听众热情的精彩例子——电视剧《水浒传》中宋江上梁山后做的第一件大事，就是在聚义厅前竖起“替天行道”的杏黄大旗，并当场对晁盖、吴用等一帮兄弟以及喽啰兵发表了一番慷慨激昂的演讲：“我们这些人哪个生来就是强盗？无非是奸臣当道，残害忠良，我们才被逼上梁山，不得不反。我等都是有志之士，只是报国无门。又有哪个生来愿做草寇，脸上带着两行金印，一生被世人耻笑？我等兄弟在此共聚大义，并非只为打家劫舍、杀人放火，贪图一时快活。

各路义士相聚这梁山，为的就是除暴安良、抚国安民、匡扶正义、替天行道！”言毕，立即得到堂下众豪杰的共鸣，他们群情激愤，振臂高呼“替天行道”，场面相当火爆。

宋江的这番“聚义演讲”之所以达到了“一呼百应”的效果，是因为宋江紧紧把握住了众多梁山好汉的心理——很多人是走投无路才走上梁山的，又不甘心做打家劫舍、声名不佳的草寇，心里十分矛盾。而宋江的演讲便针对这种心理，顺着这种心理，去变通、去成全、去肯定他们的想法，和他们站在同一个立场上，讲出他们的心声，有破有立，将各路好汉聚集梁山的行为赋予了光明正大的意义，称其是为了“除暴安良、抚国安民、匡扶正义、替天行道”。这样有思想高度的激发，自然唤醒了梁山好汉，使他们热情高涨，战斗力大增。

可见，演讲首先要善于抓住听众的心理才能产生热情。因为热情离不开心声，心声是热情的动力，热情是演讲的动力。也不仅仅是演讲，世上的很多事情，若要做成功，都需要大家同心协力，互相鼓励和交流，充满热情地去做，才有可能成功。

前不久，消防部门派人来单位举行预防火灾的科普演讲。我们是被单位组织过来听演讲的，对即将要开始的演讲根本没什么兴趣。不管是那些关于预防火灾的重要性，还是各种防治方法，在我们的日常生活中，经常能够看到。比如外面宣传墙上贴的宣传画，以及电视里经常插播的广告，最起码还有画面和色彩的吸引力，好过这种干巴巴的演讲。

但是万万没想到，演讲开始后，我们还是被吸引了。不仅是因为这名演讲者是消防部门里抢险救灾的英雄人物，也是因为他的演讲。他首先给我们讲了一个两年前发生在我们这座城市里的，好多人都听说过的火灾故事。但是火灾之后，没人知道那次灾情对受伤的人造成的后果。当演讲者提问听众的时候，听众们的注意力立刻集中起来，急迫地想知道后面的故事。当他向我们描述了那种痛苦，描述了受伤者失去双手所带来的失业、家庭破裂和自暴自弃时，立即获得了听众的强烈同情。然后在听众都愿意听下去的情况下，他才开始演讲预防火灾的重要性、预防火灾的各种方法，大家都对这场演讲报以热烈的掌声。

这对演讲者来说是非常重要的，听众的热烈回应就是对演讲的认可和肯定。有了听众的热烈回应，演讲者才更有精神、更有信心来演讲，才会演讲得更加开心、尽兴。

因此，作演讲的时候，除了知识、生活阅历、思维逻辑等各方面的综合运用，热情的演讲者会不惜用尽一切办法来调动听众的热情。比如我们刚才所讲的，演讲的时候先来讲个故事，或者在演讲的过程中如果发现一些听众开始注意力不集中，除了让他们休息，喝喝水，唠唠嗑，四处走走，还可以讲一个笑话，大家一起笑一笑。利用讲故事，来重新引导听众恢复热情。因为故事里隐含了很多有趣的东西，热衷于听故事的人数不胜数，往往只要一开口说讲个故事，听众们立刻就打起了精神，充满了热情。这就是故事的魅力，可以引导演讲，将演讲推上高潮。当然其中还有人格的魅力、人性的美好、强大的感染力。众所周知，感染力的作用是巨大的。利用感染力的演讲者会大声地讲、激情地讲，会从听众的角度出发，一句接一句，句句铿锵有力，优美生动，像蝉在鸣叫、鸟在雀跃，欢快着、灿烂着、澎湃着，让听众防不胜防地一股脑儿地融进去。

只要用心，勤于去研究、琢磨，总会想出一些好的方法，调动听众的热情。就像有人想要什么，其实是一定可以争取到的。只要相信自己，就一定会有办法，一定可以调动起听众的热情，增强演讲的动力，获得演讲的成功。

那些背后隐藏的情感

总会有些听不见看不到的情感，在演讲中，无法用语言表达出来，就像那些没有结果的暗恋一样。可是讲不出来不代表没有，不代表别人感觉不到。这种情感最终会影响到听众的情绪，听众的这种情感也会对演讲者造成困扰。

睿智、聪明的演讲者察觉到听众的情感后，会深入到这种情感内部进行剖析，顺应听众的情感需求，调动起听众的热情，营造出有利于演讲进行的现场气氛来，更好地让听众来倾听这场演讲，使演讲顺利进行下去。

有一位叫李强的老师就讲过，他在和听众互动的时候，从来不是只靠眼睛和耳朵，还靠一种敏锐的感觉。因为他擅长察言观色，拥有深刻洞悉人性的能力，演讲根据听众们情感的变化而变化。所以他的演讲每一次都很成功，都能够让听众流连忘返，热烈回应。他总是能够准确地道出听众的心思，被听众接纳，和听众产生共鸣。特别是有的时候，表面上和听众在进行热烈的互动，实际上那些互动的话不一定就是他们真实的想法。有些真实的想法可能觉得不好意思讲出来，或者不想扫大家的兴，附和大家罢了。每个人都有自己隐藏着的情感，不会轻易讲出来。李强老师就很擅长挖掘这种隐藏在背后的最真实的想法与情感，可以三言两语地点到他们的这种情感，渗入到他们的内心深处，讲出他们的心声。

我们经常听李强老师的演讲，每一次都是他讲着讲着，听众就报以热烈的掌声。不是因为他的演讲语言有多精彩，而是因为他讲得很入心，一字一句全都讲出了听众真正的想法。

在听他演讲的时候，我常常会忍不住去看听众，因为在听众的脸上能看到很多美好的笑容。其中有情不自禁的笑、不好意思的笑、欣慰的笑。这些笑给了演讲者肯定和鼓励，使演讲者的演讲能够更加贴心。这样的演讲才是和听众真正地融合到了一起，从内心深处激发听众的热情，让整场演讲充满活力，带给大家开心和快乐，甚至在演讲结束之后，还让听众念念不忘。

想要达到这样的演讲效果很不容易。毕竟每次演讲之前，听众不可能知道演讲者会讲些什么，只有当彼此之间进行交流和互动时，听众才会了解演讲的内容，演讲者也才能留意到这次演讲的主题和内容听众是否有兴趣，是否讲到了听众的心里，怎样才能讲到听众的心里，让听众产生感觉，和听众产生共鸣。在那么短的时间内，迅速拉近彼此的关系，走进对方的内心，还有什么能比这更能体现出演讲者的实力呢？

其实很多的演讲者在呕心沥血、绞尽脑汁地琢磨、寻找隐藏在背后的这种情感，因为许多的演讲实践证明，洞悉到这种情感能带来莫大的好处。然而这种情感不是每个演讲者都能洞悉到的，如果不能深谙听众心思，也就没有什么好的办法，能够让他们觉得听这场演讲多有意思。

事实上不管演讲什么，演讲者最怕的就是听众们根本没有反应，甚至横眉冷眼相对。置身在这样的环境里，演讲者的演讲还怎样进行下去？如果没有听众的支持和鼓励，演讲也就失去了意义。

刘佳是我在口才培训班的同学，她曾做过一次以“自力更生”为主题的励志性演讲，但却被听众冷落，那感觉就像深山里一株无人问津的小草，没人关心它如何萌芽，如何生长。因为她在演讲的时候，讲了个残疾人沿街乞讨的故事。当时的听众有很多是残疾人，他们需要的是关心和呵护。刘佳这样讲，让他们感觉不到关爱，而是有种被揭伤疤的痛苦。虽然刘佳演讲这一故事是无心的，她想激发起听众对人生和命运的积极斗志，但却让他们的情绪一落千丈，因为他们的情感比正常人更加敏感、脆弱、自卑，不是正常的引导就能成功的。

在接下来的演讲过程中，刘佳被听众们的这种情绪困扰，可是她又不能像李老师那样准确地洞悉到听众的心理，没有用最贴切的语言来让听众得到慰藉、温暖。尽管她演讲得很热情，也无法打动听众，听众们始终是无精打采、不感兴趣的表情。可想而知，刘佳的心情有多无奈。

只有讲到听众的心坎上，令听众心里满意又舒服，听众才会认同这场演讲，对这场演讲产生兴趣。听众一旦对演讲产生兴趣，演讲者就会备受鼓励，愈发地体会听众的感受，给听众以启发，让听众舒心，与听众达到真正的交流。

真正的交流不是简单的有问有答。有问有答，只是互动交流的形式之一，而且还不是最重要的。最重要的交流是听众的欲望和好奇心得到满足，产生热情。因为人都是感性的，情绪变化莫测，细微的影响，都可能会引起大的情绪变化。演讲者要面对那么多的听众，听众里的每一个人每一刻的心理变化都得考虑到、关注到，都得细致地安抚，用心地解决。解决的方式可以用语言，也可以不用语言。不用语言的交流即所谓的无声胜有声，是交流的最高境界，也是听不见看不到的那些情感的交流。这种情感的交流不是语言表达出来的，却又实实在在地在演讲者与听众之间存在着。谁能够使这种情感在演讲者与听众之间默默地互动、交流，使听众与演讲者之间心意相通，彼此获得心灵上的抚慰与快感，谁就能使演讲顺利地进行下去，获得成功。

没有体会过这种交流的演讲者或没能力达到这种交流的演讲者，自然无法明白这种情感所带来的兴奋与满足。那是种巨大的欢乐，一刹那的感觉足够融化整颗心；那是种欲言又止的最痛快、最淋漓的体验和感觉，忍不住就想听下去，因为听见了心底深处那些无法表达的渴望，听见了那些原本听不见的情感，那才是自己真正的心声。

用心倾听听众的心声，唤醒听众的热情，是一名优秀的演讲者应具备的能力。但是使听众意识到听到这场演讲多么重要、多么有帮助，才是这场演讲的最终目的。

脱稿演讲的美

脱稿演讲的字、词、句、声音、语调、表情……每一处都很美。

每一处都有它动人心魄的魅力，千万不要辜负了演讲的美好，要尽可能欣赏它、赞美它，热情地参与进来，去听仔细了。这种演讲真是演绎了世间万物的不断更新、生长、成熟，它具有强大的感化力，又充满智慧的光芒。不妨去亲身体验这种演讲的美，去感知这种演讲的盛宴赋予语言文字的独特魅力。

脱稿演讲一出现，多少人就甘愿折服在这种演讲的魅力里，仿佛这尘世上的每一株草木、每一条溪流、每一粒微尘，都那么朴实地在阳光的照耀下，平等地享受着这人间的吉祥平安，令人感动不已。

首先获得听众好感的当然是演讲者的仪态美。不管衣服穿得多漂亮，都不如演讲者的仪态美。这是衣服无法表现出的仪态，化妆也无法粉饰出的仪态。一切的着装打扮不过是表面文章，仪态举止才是最重要的。

因此一场动人的演讲，演讲者一上来就通过仪态美的举止赢取了听众的好感。这种好感无以言说，直接为我们打开了一扇窗户。透过这扇窗，我们就看到外面最美的风景，听到浅吟低唱的旋律，嗅到那清雅的芳香，内心曼妙而感动。无须更多的语言，无须多细腻的声音，只需要一个仪态，我们就能洞悉到这场演讲的美，看到这场演讲的魅力。

这是个表面上的魅力，就像挂在枝头的饱满圆润的果实，给人以成熟和美好的感觉，总是能够表现出演讲者丰厚的涵养和不俗的气质，总是能够让听众感受到演讲者内心深处散发出来的巨大的感染力。这种感染力也随着演讲者知识阅历的不断积累愈来愈强，获得听众们的青睐。

这样的美靠的是内在，是由内而外散发出来的。不像现代某些人，为了美不惜去整形、换肤，甚至连性别都要去改变，没必要去做这些。毕竟再怎么整形，也无法把仪态美整出来。仪态美虽然需要去训练，但真的不必去大动干戈，否则往往得不偿失。仪态是需要时间来形成的，那些试图越过时间来进行改变，给自己精心地着装打扮的人，想法是没有错，但是如何穿衣，如何描眉化妆才能美？才能有仪态美呢？就算每个人的审美都不一样，可大家的直觉都差不多。所以我们说，尽管演讲者的才华非常重要，但演讲者的仪态美更具有感染力。

为此，无数的演讲者前赴后继，通过训练来形成这种仪态美。尤其是那些不好把握的举止，似乎一个疏忽，就有可能失败，使以前的各种付出功亏一篑，失去听众的好感，与听众的关系紧张恶化，导致整场演讲不成功。

其实不仅仅是在演讲中，在我们的生活和工作中，仪态不雅的危害也极其大。比如说，别人和你谈话的时候，无论你是在说还是在听，都应该微笑地注视着对方的眼睛。否则，会给人一种心不在焉，甚至是不尊重他人的感觉，这样你就无法走得接近。

至于到演讲的那一刻，当语言自如地脱口而出，声音缭绕缤纷，灿烂如蝶般翩舞、乐音般悦耳，是多么振奋人心的美好啊！

而美是没有限度的，每一步的演绎都是那么美，都可以吸引听众，带给听众美妙的享受，都会获得听众的喜欢，得到听众的赏识。对脱稿演讲者来说，这是一种激励，激励着演讲者渴望演讲得更好、更完美。

很多人都知道，长治市城区一中是一所重点中学。二十多年前，我就是在那所中学毕业的。当时，我的政治老师和英语老师上课都不带教案，语文老师和物理老师上课时教案都放在讲台上，一节课都不会翻一下，整节课老师都目光专注地给我们授课。我们都听得很认真、很享受。那时候，都说城区一中的老师好，我们也觉得教师们非常有实力，他们不看教案，甚至不带教案、不带书，轻轻捏支粉笔，开口就能将教材知识融会贯通，滔滔不绝地讲给我们听，听得我们豁然开朗，不愧是重点中学的老师。后来才明白，这些老师的实力，就体现在脱稿演讲，他们早就吃透大纲教材，以逻辑思维启迪学生，以语言情感来感染学生，将一批批的孩子们征服，几十年如一日，使其成绩屹立于众校前列。

如今大家都知道，教师讲课不念教案，领导开会不念稿子，都是应该具备的专业本领和能力。宛如那些电影里背台词的演员们，如果拿着剧本边看边说，谁还愿意看呢？由此看来，当时城区一中的教学实力和先进程度已经相当领先了。它年年所获得的每一项荣誉和赞美，都当之无愧。

脱稿演讲的感觉就是好、就是美。看着美、听着美，所有的感觉都是美好的。在这世间，听一场脱稿演讲是和喝下午茶一样美好的事情。

特别是党的十八大以来，新一届政治局常委在多种场合下提出：改会风、改文风，要求“不准念稿”，提倡“脱稿演讲”。而脱稿演讲的魅力美，就是在敢说与会说的基础上锦上添花，大放异彩。习近平主席曾对中央党校的培训干部提出：“在新的时代条件下，领导干部要不断提高自己，经受住各种考验，就要坚持在读书学习中坚定理想信念，提高政治素养，锤炼道德操守，提升思想境界，坚持在读书学习中把握人生道理，领悟人生真谛，体会人生价值，实现人生追求。”可见，脱稿演讲是在多阅读多实践的基础上美起来的。

一名演讲者演讲得好，书肯定读得多，学问也深厚，整个人也很有实力。实力的展现过程就是通过实践把读到的知识变成现实，劈开通往成功道路上的荆棘，有所收获的过程。因为拥有了实力也就拥有了征服人心的魅力，而演讲者经过了太多的考验和实践的训练，早已把自己演讲的声音和节奏把握得恰到好处，不管讲什么，总能一次次带给听众一种优美的感觉。这种优美的感觉大多是来自演讲者丰富的情感，演讲者一开口，听众就能感觉到演讲者的情感，直侵入到听众的内心，将演讲的所有的美囊括其中，直至演讲圆满结束。这就是脱稿演讲的美。

被滋养的芬芳

演讲必须要深入到听众内心，和听众产生共鸣，和听众建立起融洽的关系，使听众支持、欣赏这场演讲。这场演讲才有可能变得愈来愈生动有趣，愈来愈吸引听众。

这就需要演讲者平时多关注些实质性的话题，比如一些日常生活和工作，多了解了解听众的心理和需求，实实在在地根据听众的兴趣、爱好，选择听众关心、关注的话题和材料来演讲。切莫讲那些空洞的、口号式的，或者是似是而非的，引起质疑和争议的话题，要讲那些有血有肉的、喜听乐闻的、生动有趣的、贴近大众生活的话题，这才是能让听众最终感觉到被重视的演讲。

这样，听众听得高兴，演讲者也演讲得欣慰。如果是彼此之间共同的兴趣和爱好，大家还可以共同探讨、琢磨和研究，共同来分享，来享受分享的快乐。谁都愿意拿自己喜欢的事情去和别人分享。比如口才培训班的学员小年，有一次她在演讲诗词鉴赏的时候，谈到她很喜欢李清照的词，话音一落她就听到台下传来了掌声，因为李清照的词恰巧也是一些听众们喜欢的，这种有共同爱好的欢喜，是种志趣相投的快乐。接下来的演讲里，小年讲了很多李清照的词，讲得快乐又欢喜。因为她每讲一句词，就会有听众接下一句。这些李清照的词就像春雨般滋润着她和听众们的内心，化作一朵一朵的花开心地绽放开来。

所以，很多的演讲者在演讲的时候，都会随机应变，特意采取一些相应的措施去讲听众们喜欢的事情，好让自己的演讲打动听众，煽动听众的情感，与演讲者产生共鸣。这些打动听众的东西有很多，但是最重要的是有能够让听众感觉到被重视、被尊重的欢心，能够将演讲者和听众双方的关系融为一体，产生共鸣。

但要怎样才能让演讲达到这种目的呢？除了众所周知的讲讲听众感兴趣的事情，怎么能让听众觉得，这场演讲正在滋润着他们的内心，对他们来说非常重要呢？自然是那些充满知识、智慧和感情的，充满正能量的演讲。这种演讲可以是大众化的、励志型的演讲；那种大快朵颐的、温暖心灵的演讲；关系到每个人的生活和人生的，给了听众很多帮助和启发的，听了之后感觉很庆幸听到这场演讲的演讲。

这些演讲所说的都是发生在每个人的身边，人人都需要、都渴望解决的问题。这样才能引起听众的注意，讲进听众的内心，唤起听众倾听的欲望。演讲者和听众才能很好地进行交流互动。听众才会用心地来聆听这场演讲，听进去演讲的主题和演讲者的观点。因为这样的演讲已经打开听众的心扉，已使听众觉得这场演讲正是他们所需要的，演讲者的观点也是他们的观点，是演讲者与听众彼此间共有的看法和认识，而且已经融为一体，听众能接受演讲者的这场演讲，就像接受他们自己的观点一样。到了这一步，演讲已经抵达听众的内心，演讲者便可顺利地开始自己的演讲，实实在在地去讲些对听众们有价值、有帮助，是以听众的需求、以听众的感受为出发点，真心实意地替他们着想的问题。这样的演讲可以感动听众的内心，让他们感到快乐、温暖、亲近和满足，从而达到演讲的目的。这样的演讲才能成功。

如果不能让听众感到被尊重，不能融为一体。如果有疏离和隔阂，心里无法舒坦，别别扭扭的，演讲怎么能够顺利地进行下去呢？因此演讲的开头很重要，一开始就要让听众有温馨的感觉，比如先讲讲自己或者即将开始的演讲的话题和内容，与听众之间建立某种直接的联系。联系的话题有很多，可以表达自己被邀请发表演说，感到无比荣幸、无比感激，对听众满怀谢意，表示出自己诚挚的感谢；或者和听众中的某些人的相似的爱好、兴趣，和他们所从事的专业知识的接触，尽量寻找到一些和听众们拥有的相同处，使他们感到亲切、温馨，没有距离感。对他们要始终心怀恭敬，演讲的时候，使用“您”，不用“你”，满足听众被重视的心理状态，使之愿意与演讲者接触，愿意倾听演讲者的演讲，很好地促进彼此之间的关系。

当然，花无千日红，尽量不要去讲那些别人已经讲过的，或者书上死记硬背过来的东西，应该去讲些听起来与众不同的、新奇鲜明的、生动活泼的、贴近生活又叫人惊奇的、合情合理的新兴词语，这样能让听众感觉耳目一新，从而打动听众。或者用一些煽情的充满力量的句子，一句接一句，充满强烈情感的感染，直击听众的内心，使听众越听越感动，越听越有兴趣，往往会起到事半功倍的效果。

不仅如此，最让大家津津乐道的，就是随时给听众灌输点儿心灵鸡汤。譬如，思想家爱默生曾经讲述过这样的一个故事：有一个身强体壮的男孩试图将一头牛赶往牲口棚。他用尽浑身力气推它，不停地用鞭子抽打它，大声吆喝它，然而牛站在那儿就是不肯动。一位挤牛奶的女工见状，走上前来，把一根手指伸进牛的嘴里，将它很驯服地牵到了牲口棚里。掌握了这一点，她想把牛牵到哪里就能牵到哪里。这则故事对演讲者来说充满同样的启迪。

为达到这一步，老练的演讲者都知道，不能急于求成，正如玛克·安东尼那样，要耐心而谨慎地朝自己的目标前进，不能高姿态，患得患失，一副动辄得咎的模样。要低下头来，即使才识有限，但心诚则灵。只要能为听众考虑，尊重听众，听众也会给你同样的回馈。这是每一个演讲者能够演讲成功的素质修养，总是那么低下身段地、谦虚地与听众和睦相处，对听众充分尊重和敬重，始终不渝地追求一种“满招损，谦受益”的精神境界。

“满招损，谦受益”这句出自《尚书·大禹谟》的古老格言，早就告诉我们，自满的人会招来损害，谦虚的人会受到益处。被称为“中国文化之源”的《易经·谦卦》里也说道：“天道亏盈而益谦，地道变盈而流谦，鬼神害盈而福谦，人道恶盈而好谦。”道理是一样的，就像世间的阴晴圆缺，凡是自满的人总会遇到些吃亏的地方，能够谦虚的人常能够得到些益处。

那些具备影响力的演讲者大都怀有谦虚的精神，虚心好学、永不自满的内在品质。这不仅是他们演讲成功的要素，也是他们做人的标准。低调的为人处事很容易得到听众的心，与听众的思想情感产生共鸣。这样的演讲无疑是最成功的演讲。

最成功的演讲，往往会滋养出很多的芬芳，让我们的人生充满阳光，让我们的生活更加充实，让我们的这个世界更加美好、健康又和谐。

第八章

现场气氛的互动激活

成功都是热忱的产物

世上的很多成就，都归因于热忱。热忱是成功最具有活力的因素。爱默生曾经说过：“有史以来，没有任何一件伟大的事业不是因为热忱而成功的。”演讲的成功也离不开热忱。

就像不久前，我在电视上看到失去双臂的雷庆瑶的演讲时，被她深深地吸引了，不仅仅是如某些人所言：“她真的是太好看了”，更是因为她的热忱，她发自内心地热爱生活的热情，给我们带来一种振奋人心的鼓舞，将我们深深地打动。

雷庆瑶三岁时不幸遭受电击，失去了双臂。在别人眼里，她成了一只再也飞不起来的断翅的蝴蝶。其实不然，事实证明，只要拥有足够的热忱，一切皆有可能。多年来，满怀热忱的她面对生活的坎坷，丝毫不曾放弃，不曾懈怠。通过常年的坚持练习，不仅学会了用脚吃饭、梳头、洗衣服，甚至还能写字、骑自行车、游泳。她还勇敢地参加了残疾人的游泳比赛，获得过全国自强模范称号。等等。这一切的成就均来自于她内心的热忱。即使没有了双臂，她也从未失去对生活的热忱，失去爱美的心。在她家里，有一个很大的衣帽间，仅高跟鞋就摆了一百多双。她还特别喜欢化妆，出门就化妆，即使再忙再没有时间，至少也会涂上口红。她还对旗袍情有独钟，会用双脚裁出各种时尚漂亮的款式，穿在身上，丰富着自己的生活……

她在演讲中说："不论人生的境遇如何，我们都要对生活有承担，对自己负责任。当面前遇到一堵墙，别退缩，一定要勇敢地跨过去，看看墙的另一面究竟是什么。即使摔倒了，摔得很痛，流出的泪水也是欢快的。"

这样的演讲，深深地打动了听众，有多少人能像她一样，无论境遇如何，始终充满热忱？正如总是送她手链的朋友所言，谁还会在乎她有没有双臂呢，我们只感觉到她生活的热忱，或者说已经忘记了她没有双臂。没有双臂又怎么样？她以一颗热忱的心活出了生命的精彩，也告诉我们，在每个人的一生中，唯有热忱，不可丢失。

卡耐基先生曾对热忱做过严格的限定，他告诫大家不可以把热忱和大声叫喊与呼唤混同在一起。他在备忘录中写道："我说热忱是指一种热情的精神本质，是深入人的内心……我喜欢称之为'抑制的兴奋'。如果你内心里充满要帮助别人的热爱，你就会兴奋。你的兴奋从你的眼睛，你的灵魂以至你整个人的方方面面辐射过来，你的振奋精神也会鼓舞别人。"

也就是说，不管你的演讲技巧有多好，也抵不过一颗热忱的心。当热忱被激发，活力也就出现了。热忱是演讲者发自内心的兴奋，并把这种兴奋洋溢在全身，使自己充满感染力，感染给四周的听众，来打动听众的内心，来提高听众的热情。

只有热忱的演讲者，才能得偿所愿，才有能量保证演讲的持续进行。卡耐基先生在教学的过程中，给学生灌输的便是这种热忱的精神。他自己亦身体力行，首先用自己的热忱影响着他的学生，学生们掌握了这种方法后，在每次训练及正式场合中都会取得或多或少的成功。每每看到学生们因拥有热忱而取得进步时，他内心总会感到异常的激动，激励他更加发奋地工作。实际上，无论是谁，心中都会有一些热忱，渴望着成功。渴望的程度愈高，内心的热忱愈像火焰一样熊熊燃烧。这种热忱实际上是一种可贵的能量，用这种能量来点燃自己内心的热忱火种，那么就向成功迈了坚定的一大步。

卡耐基先生的成功，就从不曾离开过这种热忱。他常常引述纽约中央铁路公司前总经理佛瑞德瑞克·魏廉生的话："我愈老愈相信热忱是成功的秘诀。"这种炽热的精神特质深存于他的内心，他时时刻刻保持着这种精神。他认为，一个人成功的因素虽然很多，但是居于这些因素之首的便是热忱。他在全美国发表的演讲，在广播中，在与教师的开会中，都一再地提到这一点。听过卡耐基演说的人们常常说卡耐基先生不是一个很好的演说家，那些"演说专家"所用的词藻他也不太会用。但是，他演说时所发射出来的热忱从一开始就能抓住听众的心，使听众从头到尾全神贯注地聆听他的演说。

热忱是一切成功的动力，演讲就需要这样的动力。否则，就像尼柯拉耶维奇所说的那样："缺乏对事业的热爱，才华也是无用的。"高尔基也说过："天才是由于对事业的热爱而发展起来的，简直可以说，天才就其本质而论只不过是对事业、对工作过程过于热爱而已。"而一个演讲者要想有所收获，必须要用全部的心血，换取对演讲事业的满腔热忱。

唯有热忱，是演讲者讲下去的动力。如果不能在演讲中有热忱，获得讲下去的能量，而仅仅是为了工作或者什么的，被动地从事演讲，这种演讲终会有一日失去意义。只有发自内心的热忱，只有甘愿使出全部精力来演讲，才能使倾听的听众心满意足，获得他们热情的支持。所以，从你走向演讲台的那一刻，就要意气风发、气度非凡、语气铿锵有力，怀有非常热切的心情、神色，用充满热忱的神态，让听众感觉到你的热忱，并把这种情绪传染给听众，让他们刹那间就被你的热忱包围，被你的热情打动。要大声地演讲，让声音的力量震撼全场，让你的热情振奋人心，让声音把你的真诚带给听众。让听众感受到，你对你的演讲无限热爱。用你的热爱来激励听众，凝聚起听众的注意力。就像雷庆瑶，就是靠自己对生活的热忱和追求，引起听众的兴趣，赢得听众的欣赏和喜爱，这是对听众最大的吸引力。因为对听众来说，他们更欣赏那些对演讲有满腔热情的演讲者，钦佩那些演讲者的热爱，可以使他们从中获得热情、激情、能量和坚持。

所以，走在演讲的这条路上，只要你有热忱，只要你坚持下去，满怀热忱地行动着，就一定会有所收获。因为热忱，不仅仅是一种来自内心的力量，更是一种精神特质，充盈着积极进取的活力，也时刻感染着他人。就像雷庆瑶一般，人生在世，谁都不可能一帆风顺，说不定哪一刻，命运的阴霾突然就压在了我们的头顶。即便如此，我们也要充满正能量，做一个满怀热忱的人，时时绽放对生命的热忱，就能活出自我，活出精彩、豁达，就能感染别人。那么无论哪一场演讲，都不怕影响不到你的听众。

精彩节奏的魅力引导

众所周知，演讲的时候，富有节奏感的声音、语调，或高或低、或轻或重，时快时慢、时而停顿，不但能让演讲内容朗朗上口，也更容易打动听众。

因为这些富有节奏感的语调，抑扬顿挫，不仅吐字准确清晰，还是演讲者情感色彩最直观的表现，通过抑扬顿挫的节奏引导，可以让听众耳目一新，激发听众的强烈兴趣。

对于演讲者来说，掌握了演讲节奏的更迭变化才能使演讲具备强烈的感染力。节奏感是否行止有度，感染力是否足够，是衡量演讲者演讲好坏的标准之一。

每个演讲者在不同的场合、不同的演讲中，总是在寻找自己独有的演讲节奏，然后不断地尝试、学习、提高、享受，到不满足，再重新寻找新的演讲节奏，不断进步完善。好多成功的演讲者之所以成功，靠的就是这种不断的追求，不断创新出来的诱人的节奏感。然后根据听众的不同反应，去体悟、去延续、去亲近，去停顿那些需要停顿的语段，去激情绽放那些需要张扬的情感，直到感觉越来越好，越来越能吸引听众，打动听众。

这样的演讲节奏生动、精彩、抑扬顿挫，即使一个字、一个词、一个短短的句子，也能赋予它丰沛的情感能量，直击听众的内心，带给听众穿心入肺的感觉。我们说，一个人对语言和词汇的掌握是容易的，然而要把它们转变成有深度、有个性、有能量的节奏，却是极为不易的。因为如果节奏表达得好，必然是经过沉淀，经过反复推敲，经过听众的不断鞭策，才好起来的。这才能越来越打动听众的内心，将听众分散的注意力快速集中到演讲者身上，给听众以最美好的艺术享受和最大的感动，吸引他们来聆听演讲。只要演讲者的演讲字字句句抑扬顿挫，如临清泉，如迎晨曦，如沐暖阳，如嗅兰馨，带给听众宛如高山流水遇知音的舒缓，听众就会沉醉在这样的演讲节奏里，尽情享受着演讲。

这是脱稿演讲所展现出来的独特魅力之一。因为脱稿演讲比照稿念，节奏更为从容、自由、舒适，该快的时候快，该慢的时候慢，该起的时候起，该落的时候落。有这样明显起伏、快慢、轻重的节奏感的演讲者，演讲起来更顺畅，很适合演讲。即使语言上有某些小细节的过渡，也总能恰到好处，该跳跃时跳跃，该拐弯时拐弯，顺着自己演讲节奏的演讲，才能讲出自己的味道、自己的精彩和特色来征服听众。

为此，演讲者在上台脱稿演讲之前，会提前练习好演讲的节奏，使自己的演讲变得声情并茂，使自己的演讲生动形象、通俗易懂，使听众乐于接受。因为演讲的节奏是可以练习出来的，它和其他的演讲技能一样，只要酝酿好足够的情感，全心全意地进行练习，不停地去练习，练习，再练习，一遍遍地练习，一个字、一个词、一句话，乃至段落与段落之间，从细节到整体，不断地朗读、吟咏，精益求精地用力琢磨，就能够绽放出无限精彩，就能够体验到这种咏读的节奏所带来的喜悦，就能感受到那种无法抑制的冲动，那种从容、自在、波澜壮阔的节奏感所带给身心的享受和振奋，使得脱稿演讲脱颖而出。

这种练习在演讲口才的培训中也有专门的训练，比如说：加强音量法，需要把重音读重些、响亮些；拖长音节法，需要把重音音节拖长来突出强调；一字顿歇法，需要在强调的字词前后做微微的顿歇，这样可以使吐字更加清晰有力、真挚感人；重音轻读法，需要把要强调的字、词或句子弱化音量，拖长音节，气息加重……这些读法，听起来语轻音弱、徐缓适中、抑扬顿挫，不仅渲染了意境，也表达了深沉凝重的真情实感，越来越能打动听众，越来越能带给听众意料之外的惊喜，越来越能使那些演讲者信心十足，更加自由自在地自我表达和释放，创建出更加灵动的节奏感。这种节奏感所产生出来的吸引力犹如沉雷从心底滚出，轰轰烈烈地来演绎精彩纷呈的演讲。

至此，这种节奏感已不仅仅是针对某个词、某个句子、某个段落，更针对某些情感。除了轻重明确、停顿有序的情感节奏，那些音量、语调和表情、肢体语言的配合运用，也是节奏里重要的一部分。比如目光和肢体动作，是相兼相顾、溢满情感的，会把演讲者的内心和见解，传输给听众、影响听众、打动听众。它会无声无息地把一些内部语言转化为外部语言，会把一些委婉的感情通过细腻的表情传递出来，伴随着抑扬顿挫的演讲节奏，带给听众和谐的享受。

何况当今生活开始变得多元化，一成不变的生活方式过于呆板，不管做什么都需要创新，需要追求新颖、鲜活。脱稿演讲亦是如此，有了斑斓、精彩的演讲节奏，演讲才能更加隽永、感人。有节奏感的演讲是令人身心愉快的事情，在愉悦听众的同时已先愉悦了自己，何乐而不为呢？而且每个演讲者都有自己演讲的节奏特色，都是自己演讲节奏里的设计者，都会拥有独属于自己的节奏方式。只要肯去挖掘，每个人都有无限的潜能去思考、琢磨，创造出更完美圆满的、更生动神奇的、更独特别致的节奏技巧，就像灯塔上的光芒一样，在演讲台上闪闪发光，折射出自己非凡的光芒。它可以在听众听兴正浓时戛然而止，发挥其独特的震撼力，也可以在听众没有耐心的时候，用优美的节奏感再次征服听众，激发起听众继续倾听下去的兴趣，是最有魅力的引导方法。

能够灵活驾驭这种节奏引导的演讲者，才能被称之为演讲家。他们不仅满腹经纶、洞察世事，目光犀利又冷静，也有着自己独立的思考能力。他们可以出奇制胜，随时随地驾驭自己的演讲，演绎着自己的风格，拥有与众不同的精彩，获取最好的成就、最杰出的成果之后，依然深爱着这个演讲的舞台，依然在不断地创新着演讲的节奏，使之更加精彩、明朗、奇妙和欢快，更有力量地撞击着听众的内心，唤醒听众的感受和觉悟。

绕梁之音的制胜法宝

世间的任何一门艺术，都充满灵性，都是有灵之物，都会报答那些懂它的人。就像声音是有灵魂的音乐，有时候听演讲，光是听着那从容跌宕的声音，就会陶醉不已，甘愿沉浸进去，不再醒来。

那些声音婉转悠扬、抑扬顿挫的演讲，会令听众情不自禁地、用心地去聆听，听着听着，犹如飘入美丽的仙境，时而浩浩荡荡，时而空灵悠远，余音缭绕如天籁般，涓涓流淌在心头，瞬间便忘却了尘世的琐碎，全身心地沉浸在那声音里，这是演讲者掌控现场的最高境界。利用声音的圆润饱满、悦耳动听，情感的深沉昂扬、感天动地，节奏的荡气回肠、抑扬顿挫，带给听众一种穿越时空、震慑心魂的魔力，袅袅于耳。这比演讲的其他技巧更直接，更富有感染力，更能打动听众的心。

心是最敏感的，对耳朵听到的声调、节奏、语音的变化，体察得细致入微，流连忘返。无论是字正腔圆、抑扬顿挫，还是低沉浑厚、富有磁性，以及清新爽朗、纯净空灵……各种各样的声音，在倾听演讲的过程中，听众都能体会得淋漓尽致。尤其是那抑扬顿挫的演讲，有很优美的节奏，似钢琴键上响亮的滑音，琵琶弦中清脆的“裂帛”，每一次轻微的震颤都会令听众们陶醉不已。

我倾听过很多次这样有美妙之声的演讲，演讲者成功地运用声音的魅力，征服了听众。因为声音是让听众了解自己的根本，它一响起，就给人一种强烈的震撼，有让人赏心悦目的艺术感染力。而且不只是感动，还有力量，还有让人的心灵无比强大的震撼，高亢激昂、直冲云霄般的气势和雄风，仿佛永不屈服的生命力，足以超越世间的一切磨难。这种奋力拼搏的万丈豪情和坚强的意志，是激励着听众奋进的、抚慰听众心灵的神秘力量，似已向天下芸芸众生，把心底那最深最重的情愫全部释放出来。这样饱含着深情的演讲声音自然而然地能引起听众的共鸣，获得听众的一致好评，并最终将演讲者推上成功的宝座。

事实上，美妙的声音是可以练出来的，尤其是那些先天条件不好的，觉得自己的声音不适合演讲的。因为声音是可以改变的，可以变细，可以变粗，可以随着大脑意识的改变而改变。就像我们平时说话的声音，如果通过麦克风播出来，就可以变成另一种声音。每个演讲者都可以让自己的声音变得更加迷人又美妙，听起来更好、更生动、更灵活，只要用心地、持之以恒地去练习。最基础的练习就是运气发声。许多口才培训的教材都有过系统的运气发声总结。运气发声包括弹唇、弹舌，拉嘴、转嘴，可以让你发出更多的、更活跃、更响亮的声音。运气发声之后，才可以去进行更加有拓展性的练习。直到你有越来越多的发现，做了越来越多的尝试，变得越来越成熟，焕发出欣欣向荣的生机。从胸腔、口腔、喉咙再到鼻腔……所有的器官都开始运动起来，一点一点地产生共鸣。然后张开嘴巴，低声吟读，那么丰润、厚实、奇妙的声音，会持续地让人感到舒服，让整个现场变得灵活、敞亮起来。可以感受到那美妙的声音通过声带附近的肌肉、软骨和气息的传送，使声波沿着硬腭向上齿背方向推送去时，声音变得有多柔和、华丽、响亮而浓厚，听起来类似用耳机听立体声的感觉，宽厚成熟，可使练习者情不自禁地振奋起来，更多次地去尝试。

发音靠振动，振动靠气息。练习的时候，先调整好呼吸状态，通过气管，振动喉头内的声带，发出微弱的声音，然后经过咽腔、口腔、鼻腔等腔体的共鸣，扩展和美化，再经过唇、齿、舌、牙、腭的协调动作，慢慢地上下扩展，就能发出不同的声音，或者可以同时上下扩展，或高或低地发出灵活的声音。只要气息饱满、深入、持久，中气十足，声音就会洪亮、圆润。正所谓“气者，音之帅也”，气息是人体发声的动力，声音的响亮、清晰，音色的优美，嗓音的持久，都依靠着气息的变化。只有气息得到灵活运用，声音才能灵动。

因此，在诸多发声的控制训练中，气息控制训练是学习发声中根本的一环。要随时保持气息的良好状态，收放自如地对气息进行控制，就可以与最优美的声音相媲美，挖掘出很多很多的潜力，发出好听的声音。你就会发现，原来最迷人的声音，也并不是越高越好。声音如同低音绕梁的，更是有着不可思议的曼妙迷人。

低音绕梁时，不仅气息好，声音好，连情感也是旖旎、潋滟、刚柔并济的。这时的气息吸得深、呼得匀，气流通畅稳定，运用得越灵活持久、自如，越能达到“气息下沉，喉部放松，不挤不僵，声音贯通；字音轻弹，如珠如流；气随情动，声随情走”的状态，可以慢慢悠悠地，深匀的气息通达、灵活而稳定，携带着持久自如的情动，完全从内里散发出来，使演讲的声音更加穿透，更加震撼人心。

到这个时候，绕梁的低音就像熟透的果实一样，能够通过声音与听众进行心灵的交流。我们的练习也从青涩、艰难的成长期，到天高地广、豁然开朗的成熟期。就像赵忠祥解说的《动物世界》，那种独到的诠释、深厚的真情和天籁般的好声音，是任何翻版都无法复制的。那是种独一无二的、充满魅人的声音特质，驾驭着高超的音准技能。从一开口，就能让听众感受到那拨动心弦的美丽之音，是种娓娓道来、情意深长、穿心入肺的声音。虽然听着是那么朴实平凡，是自然流淌的，不施任何技巧，不经任何雕琢，却又最感人至深。因为那些没有任何修饰与雕琢的、质朴真挚的声音宛如璞玉之音，是世间最美、最动人的声音，总是那么动情。在不知不觉间，就能将听众吸引。这不仅仅是声音的艺术，还是情感的艺术。

当声音能顺利地随情而变化，情感便借由声音，赋予声音以新的特色、新的生命感染力，从而达到净化思想、陶冶情操和振奋精神的境界。情感是置于声音之上的，由情及声、由内及外的贯穿性技巧，是一种能使声音自如地表情达意的能量。唐代诗人白居易曾说："感人心者，莫先乎情。"情感是发声艺术里的灵魂，如果没有情感的依托，怎么能散发出声音的感染力？凭什么去抓住听众的心？只有深入到演讲者想要表达的内容和内心情感，全身心地投入才能动情、传神、达意，才能使演讲者的声音充满魅力，增添声音艺术的表现魅力和审美效果，真真正正地打动听众。

当然这种声音不是简单的演讲声音可比的，也不是只要有一个好嗓子就能做到的。嗓子再好，声音也不会那么完美无缺、恰如其分地打动听众。好的声音大部分是通过勤奋的练习而来的，只有练习过的声音，才会展现得那么尽善尽美、成熟悦耳。况且练习声音也不是什么深奥的技术，是寻常的、轻松的气息练习。只要放松上半身的发声器官，就能使声音持久又有韧性。或者，注意声音的线路，随时保持声音的线路通畅、集中、无障碍，让声音尽量有穿透力，声音就会变得很曼妙，更加集中和明澈。要想拥有这样美好的声音，也没有什么捷径。

练习发声可以从一天的清晨开始，技巧性地控制发声部位，开始运气发声。因为声带和人的情绪一样，清晨被迫叫醒时，总会烦躁又苦恼，如果自然醒来就会神清气爽。所以尽量让声带自然苏醒。苏醒之后，也不要着急，给它一定的时间，比如可以慢慢地坐起，慢慢地洗漱后，再慢慢地进行练习。首先要慢慢放松地呼气，间断地发出一段绵绵的长音，然后再继续地让调整呼吸，张开嘴巴打开嘴唇，连绵不断地发出长音。不管长音还是短音，都需要较持久地保持稳定的气息。气息持久稳定、平和饱满，就能发出绕梁的曼妙之音，使演讲者的情感表现得更加丰富、浓厚、生动，更加强烈地感染听众，引起听众的情感共鸣。

如果演讲者纯粹靠卖弄优美的声音，哗众取宠，没有生命的力量和情感的淳厚，是无法打动听众，体现出震撼人心的艺术魅力的。这样的艺术魅力是演讲艺术的再度创作。众所周知，艺术是来源于生活的，是经过生活的真实感受，艰难磨砺，才能拥有的深刻觉悟，才能积淀出这么好、这么有内容、这么有感染力的声音，发出独属于自己的声音。这也是演讲到最后，能够成功的根本原因，经历过那些自强不息的磨砺时光，心态成熟了，声音浓厚了，那奇妙的味道就出来了。所以说，绕梁之音是脱稿演讲者演讲的制胜法宝。

多感恩，少抱怨

如果每一次演讲，你都能带着一颗感恩的心，那么相信你在演讲的时候，心情一定是积极而快乐的，你也会因此而成功。每个演讲者都知道，要演讲就要尽心尽力地讲好，不管听众的反应如何。听众不可能和演讲者一样心潮澎湃，演讲者必须能够不断地调动听众的情绪，使听众对演讲充满兴趣，才能支持演讲的顺利进行。而要使听众对演讲充满兴趣，就得深入剖析听众的情绪，了解听众的想法，以及这种想法的缘由。演讲者还得设身处地地从听众的想法出发，去鼓励、关心他们，去谈论一些他们感兴趣的话题，去满足他们的需求，关心他们的切身利益。他们才会对这场演讲感兴趣，才会好好倾听，用心投入到这场演讲中。大家才会相处得和谐融洽。这样演讲者和听众都会受益，但受益最大的无疑是演讲者。因为作为演讲者，更会在这一场生动的、让人信服的、难忘的、深情的演讲中，享受到成功的喜悦。

曾经有名演讲者说，每次演讲看到听众们认真听讲，他心里总会对眼前的听众满怀感激，正是因为这些倾听者的帮助和信任才使他坚持把演讲讲完。但是不知道他是否把心里的这份感激讲了出来。感激一定不要仅发于心而不说出口，对于那些支持帮助过你的听众，你一定要把感激之意说出来，不仅仅是在讲完后说出来，也可以在演讲的开头，在演讲的过程中，及时地把这种感激讲出来。因为向面前的听众表示感谢，其实不仅仅是为了表示感谢，而是一种内心的交流。通过这样的交流，演讲者和听众会感到他们的心因感激而心心相通，而变得更为美好。因为在这种表达感激的行为中，有一种非常强大和富有生命力的东西，贯穿到演讲者和听众的心中，使演讲进行得那么自然、友善、亲切和温暖。演讲者满怀着对听众的感激之情，将自己最美好的一面，毫不保留地呈现出来，因此也获得听众的认可、欣赏、接受和喜欢。因为一个懂得感恩的演讲者在演讲中所怀的感恩之心，能给听众留下深刻的好印象，使他们记住这场演讲。

《乐记》曾记载："凡音者，生人心也。情动于中，故形于声。"所以演讲者的演讲成功与否，除是否具备扎实的基本功之外，最关键的是能否以己之心去感他人之心，引起情感共鸣。因为演讲从开始、到中途再到最后，都是因情而发，以声传情、以情带声、声情并茂。这是一个深厚沉淀的心理过程，伴随着种种的情感活动。没有经过深厚的情感积淀的演讲者，很难把演讲讲得那么入境、入景、入情，穿透人心。如能使演讲的情感穿透人心，对于脱稿演讲者而言，十分难能可贵。因为演讲的时候，除了能引起听众的兴趣，还得打动听众的心，而要打动听众的心，真的是很难很难。因为每个听众的个性不同，对演讲内容的理解、认识和兴趣的迥异，会带给听众不同的体悟和感受。如能打动所有的听众，就是达到了演讲的极高境界，就是真正的实力派演讲家！而他们仅仅就是以声传情、以情带声、声情并茂地演讲，却依然能够进一步地讲到听众的心里面去，深深地打动听众，能够把演讲变成一颗颗珍珠，串连在听众心里。这样的演讲，自然受到听众的尊重。

同样，为了达到这样的演讲效果，很多的演讲家都孜孜不倦地追求着，追求着那份能够打动听众的细腻饱满的情感以及真实热烈的品性。这些是演讲的技巧所无法做到的，也是演讲最高的艺术，最有价值、最能打动听众的、与众不同的艺术特质。这可以使自己的演讲更加出色、闪耀，让听众念念不忘。这份情感就是感恩，满怀着感恩去对听众演讲。感恩就会像强有力的磁场，为你引来听众，让你感觉到快乐和幸福，实现演讲的价值。对演讲者和听众的精神来说，再也没有比感恩更大、更强、更有力的激励了。当演讲者敞开心扉，让演讲的心为感恩而歌唱，演讲者和听众就能同时在身心、智力以及日常生活的活动中，充实自己的精神头脑。感恩就是这么美好，是对演讲的一项重大投资，非常有助于自己的演讲成功。常怀有感恩之心的演讲者，会日益变得格外谦和、高尚。他们会时常提醒自己，为自己能有幸成为这些听众的演讲者而感恩，为自己能够有这样一次演讲而感恩。感恩社会给了他这样一个施展才能的平台，感恩走在这条演讲道路上的所有帮助和支持过他的人们，也感谢自己的毅力和耐心终于让他坚持演讲到了现在。

做人要心存感激，要时刻对他人和自己说谢谢。做演讲者更要心存感激，把所有的感激都表达出来。因为这份感激是演讲者对听众的情感自然流露，无须做任何掩饰，不存在任何功利性。因为这些听众能够在百忙之中，过来听这场演讲，而且是如此认真地在听，就值得演讲者去感激。偏偏有些演讲者，虽然心里很感激，但是不好意思把这种真切的感情表达出来，或者是没有时间、没有机会来表达，这样都是不好的。

没有时间也要挤出时间，没有机会也要创造机会，要逮住一切的机会来表达出对听众的感激。要知道，演讲者的演讲是建立在听众的倾听之上的，而听众的倾听在相当程度上取决于演讲者对听众的感激之情的表达。因而，演讲者对听众的感激是应该的，因为演讲者的进步以及演讲的顺利进行，都与听众对演讲者的悉心关照和批评指正分不开。所以说作为一名演讲者就要多感恩少抱怨，多思索少冲动，多仁爱少苦恼，演讲才会变得更加充满魅力。

要有豁达精神

一名演讲者要有豁达之心，因为演讲者的豁达也能打动听众，给演讲带来舒适、幸福和喜悦。若是失去了豁达，还对听众有所求，那么你就是浅薄而无知的。只有拥有真诚的豁达精神，才能将演讲现场的氛围变得轻松自如。演讲者身心愉悦，声音才愉悦，才能带给听众愉悦的感受，才能给人以真实的温暖、和睦，以及面对人生的积极心态，这才是一个演讲者最基本的品格。豁达的精神是令人着迷的，就像塞翁失马，焉知非福。据说有位很著名的演讲家，去一所会馆作演讲，这所会馆的负责人之前疏忽大意，并不知道来作演讲的是位著名的演讲家，所以也没有将这场演讲放在心上。一看到这位有众多大人物随行的演讲者，他立即慌了，因为他没有做过宣传，就是把会馆所有的工作人员都叫过来，也没几个听众。这位演讲家听说了这件事后，主动过来安慰他，劝他不必太在意，说他不在乎人多人少。后来因为这件事，媒体到处宣传，赞扬他的豁达精神。于是这位演讲家的知名度更高了，接下来他的每一场演讲，听众都爆满。演讲者毕竟是公众人物，不能以自我为准，否则影响不好，起不到演讲积极的作用。因为站在演讲台上，从言谈到举止，到演讲的每一个字、每一个词，演讲者都有义务极尽保持谦逊温和，豁达待人。越豁达越好，豁达间蕴含着极其动人的光辉和魅力，能够深深地感染听众。因为在有豁达精神的演讲里，充满了责任、归属、慈悲，以及对人性的关怀，熠熠生辉，足以震撼到听众的每一根神经，去珍惜健康，珍惜生命，去促进社会的美好和进步。这样的演讲，才具有一定的高度和深度。

曾经有一位学演讲的男孩子，学了很长时间，也演讲了很多次，成绩却很一般。他的父母原本就不希望他去做这个，就再三劝说他不要去演讲了，可是不管父母怎么劝说都不管用。最后父母实在没有办法了，就去找男孩子的老师劝他。老师问原因，父母说孩子这么长时间也没什么成绩。老师说演讲是不能急于求成的，需要积累，不要只看眼前。父母说孩子的文化也不高，不一定能出成就。老师说文化的高低并不重要，重要的是坚持，还没有坚持下去怎么就能知道不会出成就呢？父母又说他平时也不爱多说话。老师说演讲和平时爱不爱演讲没有多大关系。“可是他……”父母着急地说道，“他真的除了有点豁达大度外，实在没什么优点。”老师笑眯眯地说道：“他都豁达大度了，你还要他有什么优点……”

是啊，还有什么优点比豁达大度更宝贵呢？只要我们能够保持豁达的心态，就可以排除一切私心杂念，可以提高演讲的境界，扩大演讲的影响力，演讲就会更加充实又魅力四射。当这样的情感随着豁达而深化，不断深化，深化至最高境界，自然不再局限于演讲内容的简单再现，而是透过一些演讲的技巧，显示出面对人世所应该表现出来的一种自信和生命力，吸引着听众一起来分享幸福快乐和健康的心态，带给听众以及这个社会满满的正能量。你就会发现，演讲是件非常快乐的事情，很受听众们喜欢的演讲是多么难得的演讲。即使在演讲的过程中遇到再大的困难，也不会感到害怕慌恐，一定会勇敢地去接受、面对，以豁达的方式战胜它，笑着面对听众。你一定会以乐观的心态，来体现、发挥、创造出一种生动的演讲景象，成就自己的演讲。一定要用豁达开朗的心态去演讲。演讲需要豁达，只有豁达，才会得到听众的尊重，才会令那些曾经给你掌声的听众始终支持着你，直至你完成自己的演讲，取得最后的圆满成功。

你一定要竭尽心力，用心地去体会、去感知、去把握豁达的魅力，然后把它们运用到演讲中，传递到听众的心里，不断营造出轻松愉快的情感氛围。这对演讲者和听众之间的情感沟通和获得性情上的共识具有非凡的意义。一定要深入挖掘出自己的特点，充分发掘自己的闪光点，并且重点是要让自己变得豁达起来。如果自己实在缺乏这种特质，那么你可以选择多和豁达开朗的人相处，你就会使自己在不知不觉中变得豁达起来。然后，你再持之以恒地坚持下去，豁达就会根植入内心。内心的豁达就会随时随地地散发出一种愉悦人心的精神本质，对自己的演讲、对听众充满豁达、平和、宽容之心。豁达就像阳光或者春风，总是让人感觉很舒适，让人对世上的一切都无限热爱和包容，那么就不愁演讲时没有打动听众的东西，就不会害怕去演讲。有些人之所以对演讲忧心忡忡，怕自己讲的东西提不起听众的兴趣，是因为自己不够豁达。如果对自己要讲的东西倾注无限热爱，豁达大度，就没有心思犹豫。因为一个豁达的演讲者，他的心态肯定是积极的，就像俗话说的，“积极的人像太阳，照到哪里哪里亮；消极的人像月亮，初一十五不一样”。

是否有积极的心态会决定你是否有好的命运。只要怀着积极的心态去演讲，不管演讲得如何，都会吸引听众来倾听演讲。讲着讲着，你就会体会到豁达的价值和意义对于演讲是不可或缺的，你也会认识到豁达是每一名演讲者都应该去修炼、去持有的态度。哪怕演讲的舞台荆棘丛生，听众的内心难以琢磨，充满质疑和抱怨，也阻挡不了豁达的大爱。让豁达充满内心，坚持以一颗豁达的心去演讲。豁达的行动足以创造出成绩。因为豁达的能量就像一座燃料库，一旦点燃，就会释放出无限的能量，让自己的生活充满惊喜。而一个毫无豁达可言的演讲者，等于熄灭了热情之火，再怎么演讲，也不能让听众感受到激情和活力。所以就像刚才我们提到的那个父母反对，成绩停滞不前却依然坚持去学演讲的男孩子，或许成功与人的智商和文化程度是密不可分的，但是演讲的成功，确实和豁达的性情关系密切。

一个豁达的演讲者，无论他面前出现什么样的状况，不管是多么的困难、不幸，前途看起来多么渺茫，他也不会消沉，也总会把心中的理想变成现实。因为他会豁达地看待走在人生路上遭遇的一切挫折，不会在这挫折里一味地苦苦挣扎，而是保持一颗乐观的心，去不断地探索、完成没有结果和没有成功的事情。积极地去克服障碍，战胜所有通往成功道路上的困难，一步一步地，始终怀着豁达的心奋进，坚信成功的美好会在不久的将来实现。这也正是豁达的可贵之处。离开了豁达的心态，任何演讲者都会缺少些东西。而拥有了豁达，任何演讲者都不可以小觑。

一名豁达的演讲者，根本不会在乎别人的是非评论，更不会受别人成功的影响，无论自己的基础有多差，都会去不停地琢磨、研究、训练，不会去苦恼、烦躁。无论置身于怎样的演讲场合，都会心平气和地把演讲进行到底。

一名豁达的演讲者，总会快乐地坚持到最后，总会全身心地投入，开心地去努力，无畏地去历经磨难，不断地去学习、提高、进步。直至演讲的风格更加成熟，言辞更加优美，声音更加生动，更加充满活力、活泼、热诚、胆略和志气，最终获取演讲的突破性进展。

一名豁达的演讲者，总是容易获得成功。因为豁达是心理素质的综合能力修养，决定了演讲的方向和质量。越是豁达的人越优秀。这一现象的根本原因在于，豁达的人总能看到比自己更好的，而平庸的人总是看到比自己更差的。

成功总是向那些豁达的演讲者抛出橄榄枝，因为成功在豁达心态的孕育中，会更加有力、旺盛、葳蕤。只要带着豁达的心去做事，前方就会永远阳光明媚，心中也会永远幸福快乐。因为怀有永不枯竭的正能量，就没有办不成的事情。事实上，人与人之间在技术、能力和智慧上的差别并不是很大，尤其是在现代社会，随着教育的发展，人人都拥有获取教育和学习的均等机会，人们的整体素质、文化程度都差不多。但是如果拥有豁达精神，将会生活得更好、更有质量。因为一个人即使知识不够、能力不足，但豁达的精神会胜过能力，会战胜没有豁达精神的人。因此，一名演讲者要想成功，每时每刻，都必须拥有豁达的胸怀。

第九章
龙头凤尾有始有终

开场白是整场演讲的重头戏

“万事开头难”，任何事情的开始都不容易。对于脱稿演讲而言，亦是如此。

如果开头开得好，开得新颖、别致，就有先声夺人之效，一下子就能将听众吸引过来，使听众对演讲产生兴趣，使演讲顺利地进行下去。如果开头不如意，就很难让听众对演讲产生兴趣。因此不如先解决开头难的问题，来个好的开头。

那么开头难，难在哪里呢？一般情况下，演讲开头难的原因首先是演讲者过于紧张，其次是不知道讲什么、怎么讲。尤其是初学演讲的学员们，除了去参加演讲培训班的学习、训练，不妨多看看樊荣强老师的《二十天练成脱稿演讲》。因为这本书里的很多训练方法都十分可行，所授的内容也是很有深度和内涵的，它现在可与任何一本优秀的口才书进行比较，是最实用的口才训练书。

这本书里针对演讲开头难的问题，给大家讲了这样一个有趣的故事：有一个爱尔兰的男孩去参加他的第一次约会，他不知道见面时该谈点什么，非常紧张害怕，就向一位情场老手讨教。情场老手告诉他：

“爱尔兰女孩喜欢谈论三件事：食物、家庭和哲学。如果你问她喜欢吃什么，这说明你关心她；如果你问她关于她的家庭的问题，表明你是一个有责任感的人；如果你跟她讨论哲学，这表明你对她的才智也很感兴趣。”男孩听了情场老手的建议，非常感激。他知道自己约会该讲什么了，就不那么紧张担心了。当天晚上，男孩与女孩见面了，刚坐下就问了第一个问题：“你喜欢吃卷心菜吗？”这个问题是关于食物的，女孩回答说喜欢。他又马上问了第二个问题：“你家里还有兄弟吗？”这是一个关于家庭的问题，女孩回答说：“没有。”“哦……”紧接着他又问了第三个问题：“如果你有一位兄弟，他会喜欢卷心菜吗？”这是个哲学问题。这个笑话就是要告诉我们，许多人害怕演讲，不是怕别的，是不知道讲啥，所以害怕。如果知道自己讲什么，有话可讲，也就没什么好怕的了。

演讲的开头甚至可以很轻松，很简单，就像平常的打招呼、聊天或者问候一样。我曾经听过这样的演讲开头，那是一位很有实力的演讲家，他轻轻松松地就打开了话匣子，和听众打了个招呼，简单聊了几句话，就引出了自己亲身经历的一件事，总结出自己对这件事的一个基本看法，也就是他那天演讲的主题、观点。这个观点只是一句话、简单的几个字，可是就是这么简单的几个字，就能把听众深深地吸引住。后来，我还听过他很多次这样的演讲。每次他的演讲开头，都是那么轻松自然，不管他讲什么，总可以轻松地引出自己的话题。

这样简单的开头方法，似乎没什么技巧，因为它不需要去做什么铺垫，不需要过渡，不需要与听众过多地交流，很随意地就能开了头，闲聊几句。即使是废话，听众也很容易被打动，聚精会神地听他的演讲。

当然，这样简单的开头，并不是每个演讲者都能驾驭得了的。多少人极尽所能，费尽心思也不能吸引到听众，何况使用这么平凡的开头方式，更不能打动听众了。所以说，这样的开头方式并不简单，没有一定的经验，根本驾驭不了。因为虽然它表面上看着简单，实际上你细细琢磨就会发现，那些用来开场的“废话”，是充满哲理和智慧的“废话”，和平常讲的废话有着实质性的区别。比如一般的废话说得再好都会令人厌烦，但是这些“废话”却深得听众的喜爱，是吸引听众听下去的关键，更是演讲中的润滑剂。正是凭着这些废话来开的头，才带来了一场精彩的演讲。讲这些“废话”的演讲者实际上是大智若愚，因为这些话蕴含了高超的演讲技巧，可以让自己在不动声色间掌控一切。这种方式是脱稿演讲中最有实力的开头方式。

还记得一次听过一场有关“自然”的演讲，演讲者在演讲之初就给我们讲了他刚才来时在出租车上和司机的有趣谈话，他说两条腿的蛤蟆难找，对方非要说是三条腿的蛤蟆难找。到底是三条腿的还是两条腿的难找？两个人争论了一路，直到下车了，这个出租车司机还打开车门，再三强调是三条腿的蛤蟆难找。现场就有热情的听众大声讲：“是你错了，确实是三条腿的蛤蟆难找。”这个演讲者不由问道：“还能找到两条腿的蛤蟆？蛤蟆不都是四条腿吗？”话音一落，大家都大笑起来。他成功地由这个话题，引出了人与自然的主题。

后来，演讲结束的时候，我和他坐在一起，就询问起这件小事，他哈哈一笑，告诉我那是没有的事，那是他刚刚编的。我睁大了眼睛，怔怔地听着，觉得不可置信。他讲得那么精彩，那么声情并茂，甚至还告诉我们那个司机在演讲时嘴角歪着的样子。没有人会相信那发生的一切都是假的，都是他自己编的。但是转念一想，如果能编得如此合理真实，一下子引起听众的注意，使听众觉得是那么的特别、美妙，那么这也是一次成功的演讲。毕竟很多时候生活本身是平淡的、无聊的、简单的，缺少戏剧性，没有那么多有趣的事。但是被加工之后呢？巧合多了，冲突激烈了，形象也更鲜明了，对听众的吸引力更强了。

当然开头的方式有很多种，可以提问、设悬念、互动，或者直言、倾诉……每个演讲者都有自己的特色，都会掌握几种常见的，绝大多数场合都能够用到的开头。这些开头不仅适合自己的演讲主题、演讲内容和演讲现场，还是自己喜欢的、擅长的，所以以这样的方式来过渡和铺垫，比较容易把握。比如我们讲到的那种最直接的开头，那些雷厉风行的演讲者就喜欢这样的开头，他们开口就直抛观点，直截了当，不绕弯子，不浪费时间，直奔主题，斩钉截铁地震慑听众，给听众以强烈的直面冲击，直接引起听众的注意。这样的演讲开头专业、独到、深刻，可谓一张口就语惊四座，妙语如珠，充满震撼人心的力量。

这样的开头始终充满不凡的智慧和创造力，比任何一种开头都难。所以一般情况下，我们不妨采用讲故事的开头方式。这样的开头容易讲，也生动、活泼、吸引人，容易引起听众的共鸣，引人入胜。因为故事里有好多的情节和悬念，可以激发听众的好奇心，使听众想要探明究竟。尤其是在故事里设悬念的方式，可以在演讲中单独使用。当你直接向听众抛出来一个悬念，再揭露真相后，终于使听众的好奇心得到了满足。这样的演讲可以使内容前后照应，也使演讲者的演讲连贯自然。

至于故事，可以是书上看到过的故事，也可以是自己的经历、别人的经历，或者是无意间听到的传言、笑话，甚至可以是编的。只要合情合理，紧扣主题，或者和主题有一定的关联性，就会吊起听众的胃口，让听众听得饶有兴致。

总之，演讲的开头很重要，美国著名的演说家洛克伍德·桑佩曾说：“在整个演讲过程中做到轻松地、巧妙地和听众交流思想是困难的。然而，做到这一点的关键是演讲开头的用字和表达。”因为在很多的公开场合，仅仅是为了这场演讲，大家才聚在一起，彼此不曾了解，而一个好的开头，不仅能活跃气氛，拉近彼此的距离，为后面的演讲做好铺垫，更能供人欣赏和回味。

高明的沟通技巧

每个站在演讲台上面对听众的演讲者，内心最强烈的愿望就是征服听众，让听众心甘情愿地来倾听这场演讲。而实现这一目的的重要途径，就是和听众之间的沟通。只有和听众进行有效的沟通，才能使演讲顺利地进行下去。

这也是每个演讲者的职责，学会和听众沟通，了解听众的内心世界、情感需求和兴趣爱好，才能完成演讲的使命。威尔逊在生命的最后时光里，给一个教师协会作了一次关于“技术科学的教育价值”的演讲，在讲了一个小时之后，便饶有兴致地问听众是否愿意听下去，话音一落，听众席上便响起了热烈的掌声，欢迎他继续讲下去。他说：“每当我的演讲有了听众，我的精神斗志就会成倍增长，正如我手中有了黏土一样，可以在一段时间里随心所欲地加以塑造，并且总是尽自己最大的努力去赢得听众的好感，不让听众失望。”他还说：“我从不奢求不该拥有的名誉和称赞，但我时刻在努力使得自己的演讲能让听众满意，这是我的职责，它在我的心里势必高于一切。”

众所周知，很多优秀的演讲家都会保持着良好的职责观念，主动去和听众沟通。沟通是通晓人情世故、赢得听众好感的根本途径，甚至可以为自己的事业奠定人脉基础。有了良好的沟通，才能和听众进行交流，与听众融为一体，得到听众的嘉许和认可。演讲者讲起话来才能言辞达意，才能了解听众的所思所想。

如今沟通已经是一种必备的社交技能。懂沟通技巧的演讲者，在练习脱稿演讲的时候，越早意识到这是一件十分必要而且重要的事，就会越早有意识地锻炼自己的沟通能力。它和口才是不一样的，口才能够征服人，靠的是演讲时的激情、幽默和妙趣横生的内容，而沟通时则需要你用心倾听，用心与对方交谈，这也是彼此间的尊重、理解，是给双方创造融洽氛围的机会。因为演讲的时候，大家置身于陌生的环境里，彼此生疏，需要先了解清楚听众的喜好，才能选择听众感兴趣的话题入手，说出听众爱听的话，拉近与听众之间的距离。这就像做生意一样，针对不同的人、不同的场合，讲不同的话。虽然每个演讲者与听众的沟通方式都不一样，都有自己的个性和特色，但他们也有些共同点，关于沟通方式的共同点，都有一些必不可少的因素：

第一种是沟通的语言一般要说得通俗易懂。

因为通俗易懂的语言比较温和朴实、亲切自然，不会让人觉得格格不入。不管讲什么，演讲者都能够轻声细语，总能让听众感到轻松自然、亲切和蔼，听众听得很舒服，就愿意去听演讲者的内容。此时演讲者就能提出自己的观点，点明自己演讲的主题，说出自己的想法。虽然那些话听起来并不高雅大气，但大家的生活都离不开柴米油盐酱醋茶，这样也总能说到听众的心里，吸引听众来听自己的演讲。

这是尊重与理解的表现，是有教养的表现。这样的演讲者总是微笑着，与听众演讲时很有耐心，总是站在听众的角度为听众着想；讲出来的话也都是亲切自然、轻松愉悦的，总是很低调谦虚，有一颗包容之心，给听众一种温暖的感觉。演讲者从不吝惜表达对听众的关心，而表达对听众的关心当然就得用通俗易懂的语言。这样可以敞开心扉，充满愉快的感觉，往往可以顺利完成与听众的沟通。

第二种是沟通时一定要真诚，怀着一颗真诚的心，才能打开心扉，用心沟通。

用心沟通的力量是巨大的，它能在不动声色间将听众征服。哪怕是一个动作、一个眼神，演讲者都能察觉到，都能想尽一切办法，使听众愿意谈谈自己的感受。这样的交流和沟通方式，会比其他技巧更为有用。因为真诚最能抚慰对方内心的孤独和不安，也是每个人的情感需求。每个演讲者都应该怀着一颗真诚的心，去关心、尊重、赞赏听众。

真诚是最经得起考验，最能打动人心的品质。尽管在很多的时候，交流需要的是双方的热情，但发自内心的理解和沟通，更能让双方的信任感增加，打动听众。因为演讲者所演讲的每一个词、每一句话，都是建立在诚信和彼此理解的基础之上的。虽然大家很少真正地坐到一块好好地交流、沟通，很少知无不言、言无不尽，很少心平气和地解决分歧，但是真诚的交流始终是促进与听众和谐共处的理想方式。

第三种是沟通时一定要谨记礼貌在先。

礼貌在先，总会给听众良好的感觉，沟通起来也会顺利许多。礼貌在先，就是一个好的开始。一个好的开始，就是成功的一半。礼貌在先，也很容易能做到，只要在演讲、交谈、问候等和听众讲什么之前，都加一个“请”字，比如请说、请坐、请回忆一下……这样和听众交流沟通，是对听众的重视。这样听众心里也是甜的，心里都暖融融的！俗话说“礼多人不怪”，礼貌可以成为沟通的重要途径。好的礼貌也是演讲者能力与素质的体现。

不妨时刻试着问听众：“请问这样好吗？”如此委婉、礼貌的方式，纵使讲的内容很普通，也会让听众感觉到被重视。事实上，从一开始走向演讲台，听众就能知道演讲者是否有礼貌。礼貌的演讲者除了演讲礼貌，他的声音、语气、神态也都是发自真诚的。哪怕没有过多的礼貌用语，听众也能感觉到演讲者是有礼貌的人，也能感觉到演讲者谦和的态度，于是听众就会愿意与演讲者互动、交流和沟通。如此，演讲者很容易获得听众的信任。

第四种是在沟通的过程中一定要与听众进行互动。

互动是与听众沟通的过程，通过与听众的互动，来了解听众的真实想法。顾及听众的感受，就可以避免演讲者随心所欲、滔滔不绝地讲下去。互动可以化解很多矛盾，令双方的关系更近一步。而且互动一定要热情、真诚，无论讲什么，演讲者的眼睛都要注视着听众，平心静气地听听众的演讲，否则会给听众心不在焉、不尊重听众的感觉。除非是那些初次上台演讲的演讲者，内心紧张不安，才会手足无措地不敢去看听众。互动的时候，除了礼貌用语和态度温和，眼睛要直视听众，这也是很重要的一种互动技巧。

能力强、水平高的演讲者，总能够与听众很好地互动。尤其是在特定场合、针对特定人群的特定演讲，必须要用最强有力的话语，紧紧地抓住主题，和听众进行互动。就像有一句这样的话：“沟通如煲汤，火候是关键。”关键的互动，需要有所节制，掌握分寸，适可而止。这样的互动可以加强听众的记忆和理解，以达到演讲的目的。

回味无穷的结尾

与书面演讲稿的结尾略有不同，脱稿演讲的结尾只有更加简短、有力，回味无穷，才能推进整场演讲，起到引人深思的良好效果。

因为演讲是一场面对听众，以声音作为媒介的传播方式。演讲结束后，演讲者都会有疑问：听众到底记住了多少内容？听众到底听明白了多少？有没有把握住这场演讲的要点和重点？如果你只剩结尾这一段时间，你一定要抓住这最后一次机会，倾尽全力，再次把这场演讲的要点和重点完善一下，来达到演讲的目的。

这样一来，结尾就显得非常重要。我国北宋著名诗人赵彦材曾说“一篇之妙，在乎落句。”在这最后的机会里，需要演讲者紧紧地抓住机会，好好准备演讲的结尾，以此打动听众。元代著名文人乔梦符曾经提出：一篇好文章要具备“凤头、猪肚、豹尾”三个要素。平时老师教学生写作文也是这样强调，要重视作文的开头、结尾，也就是说结尾和开头一样重要。结尾要像豹尾那样美丽、优雅、精短而让人回味无穷，才能够使整篇文章增光添彩，能够为整篇作文加分。演讲也是如此，一个精彩漂亮的结尾，是演讲的完美收尾，能产生别样的艺术魅力，让演讲取得成功。

当然，演讲的结尾也有很多的章法可循，可根据整场演讲的内容和目的来进行相应的选择。常见的结尾有以下几种：

第一种是概述性结尾，就是演讲到最后，自然地收尾。这样的结尾简单而完整，不必去刻意设计，只需要用简短的语言把前面所讲的内容以及要点进行一个罗列式的概述，来加深听众的印象，达到演讲的最终目的。这样的结尾普普通通，字字句句都是平平凡凡的真情实意，比那些富丽堂皇、哗众取宠的结尾要好得多，实在得多。小艳曾经被邀请参加培训机构举行的一次大动员的演讲，她的演讲结尾尤其让人印象深刻——“各位朋友，刚才我给大家分享了如何提高口才这个话题，相信大家都有所启发。但是我要强调的是，掌握提高口才的方法虽然很重要，但更重要的是你一定要多多练习，把这些方法运用在平时的工作与生活当中，抓住各种机会去实践、运用，只有多练习才能把口才给练好。”这样平易近人的结尾，立即赢得雷鸣般的掌声，因为这样朴素无华的结尾很舒服、简洁、明快。

这种云淡风轻，不雕琢、不修饰的结尾适合很多演讲。因为粉饰太多的话，痕迹太重，而那些就跟说白话一样的结尾，反而显得非常美。当然这种美，也不是随心所欲的，也都是用过心思的。这不仅仅需要顺着文章的行文思路与结构安排，流畅地概括演讲，还需要有自己独特的、与众不同的想法。这是每一个立志成功的演讲家都应该具有的魅力，听似平平常常，就是把演讲过的内容再次向听众总结了一下，然而听完后又恍然觉得确实有些不同，回味无穷。

第二种是首尾呼应式的结尾，就是与演讲的开头交相呼应，浑然一体的结尾。这样的结尾平实、自然又铿锵有力，常常是既与演讲的开头相呼应，又不是简单地重复，是首尾圆合、逻辑清晰的结尾，使每一场演讲圆满地结束，自始至终都没有多余的东西，只是紧紧围绕主旨、主题明确地依据演讲的开头去结尾，备受听众的欢迎。这样的结尾尽管很普通，从头到尾没有多少的曲折变化，但也是花了心思，认认真真地把演讲讲完，用心地来结了尾，做到了有始有终。人生也是如此，很多的事情，恰恰是因为你认真在做，从一而终，才拥有好的结果。

所以，这样的结尾是最合情合理的。因为一般演讲到快结束的时候，听众们已经听了那么多内容，听了那么长时间，脑海已经被注进了一定的信息量，难免有点疲惫，到最后这一刻，如果没有一个强烈的呼应，就好像这个演讲不被重视，那么听众也不会有多大的感受。为了让听众感兴趣，演讲者就会不失时机地再次呼应开头，令听众对整场演讲重新充满感觉。

第三种是创意式的结尾，就是在掌握了那些最基本的结尾方法，如先前讲的概述性的、首尾呼应式的，或者进行升华、号召、激励，提出希望、祝福等结尾之后，在这些基础上独辟蹊径，进行创新、突破，才会有各种可能、意外和惊喜。这样的结尾不拘一格，大胆创新，出奇制胜，可以创造出新的含义。这种结尾是在经得起岁月的考验，经得起听众的再三揣摩之后，依然令人回味无穷的结尾。比如1903年12月17日，美国莱特兄弟成功驾驶动力飞机遨游蓝天，在人们为其举行的盛大酒会上，哥哥威尔伯即兴发表了言短意深的一句话演说："据我所知，鸟类中会说话的只有鹦鹉，而鹦鹉是飞不高的。"如此简洁又富有哲理的演讲词，如平地一声雷，震撼人心，发人深思，立即博得了经久不息的掌声，至今还一直为世人所称道。这也是每一个演讲家追求的最终目标。他们演讲了无数场，每一场都要求精益求精。若演讲的结尾能有一次如这般孕沙成珠，留下千古不朽的传奇，可谓此生之所求，一生无憾。

总之，结尾是这台演讲大戏的压轴部分，必须得精彩，必须如“撞钟”般大音余响，荡气回肠，韵味十足，才能打动听众，带给听众力量，使听众开悟、明性，达到演讲的目的。

完全掌控演讲

脱稿演讲，不仅要求语言简洁、明朗、通顺、节奏感十足，还要求讲自己熟悉的、能完全驾驭得了的内容，不要作没有根据、杜撰出来的演讲。另外演讲者在演讲台上的时候，必须有十足的把握，必须完全掌控自己的演讲以及现场。不管有任何意料之外的事情发生，也要保证不会被打扰，不让自己在演讲的过程中迟疑犹豫。

一切都在自己的掌控之中，要求从演讲的声音、语调到要讲的重点、关键，都在自己的掌控中。任何情况下都不会被别人随意左右，始终有自己的方向。

戴尔·卡耐基曾说过："每一个人都应该努力根据自己的特长来打造自己，量力而行。"李静是学校里很有影响力的老师，她不仅学位高，教学成绩也是一流的，非常被校长看重。有一次，市里举行才艺竞赛，校长特意提前告诉了她，希望她做好准备，能在比拼中取得好成绩，既为学校争光，也为她自己的升职增加砝码。因为在不久的将来，她很有可能被提升为副校长。

然而到最后代表学校去参加才艺比拼的，却是她领导的一名刚分到学校的年轻女教师。当有人问她原因的时候，她笑着说："我看了这场比拼的要求，很多都不是我擅长的，不是我能完全掌控得了的。但我们的小李兴趣广泛、多才多艺，这些要求很适合她，每一个项目她都能拿下来。"结果也的确如此，小李最后拿到了好成绩。

演讲也是如此，演讲者必须根据环境、条件、听众的兴趣来确定演讲的内容。不要抱怨演讲环境差，也不要苛求听众理解，而是要努力寻找解决办法。你心里必须清楚怎么办，知道怎么办，所有可能发生的事情都在你的掌控之中，事情就会好办一些。

比如我们刚才谈到的李静老师，不管是有同事们的支持，还是校长的器重，她都不去参加那场才艺比拼，然而一年一度的教学比拼，她却从不错过。讲台就是她演绎精彩的空间。一堂又一堂的教学课，完全在她的掌控之间，她想怎么讲就怎么讲，可以生动、活泼、风趣，也可以严厉、深沉、肃静；可以别开生面、不拘一格，也可以独辟蹊径、与众不同。你可以模仿她讲一节课，但是你模仿不了她讲所有的课。因为她的课始终是只属于她的，有她自己的风格。

你的演讲也永远只属于你。你必须完全掌控你的演讲，而不是别人叫你怎么讲。在别人操纵下的演讲，是别人的演讲。可以想象在演讲的过程中，你拿着别人的演讲来讲，就算你学习了很多的演讲技巧，经历了很多场演讲，仍然可能遇到解决不了的问题。可能越讲越含糊不清，越讲越偏离重点，越讲越没有自己的主见。这样的演讲很吃力，听众们也听得费力。到最后，不仅折腾自己，还折腾听众，使听众听得浑身不舒坦。演讲者自己讲来讲去，也难免浮躁，迷失方向。

所以说，演讲必须有自己的风格，必须让自己完全能够掌控。因为自己掌控不了的演讲，对自己和听众都不好，也很难取得成功。

就像李老师站在自己的讲台之上，完全在自己的掌控之下讲课一样，才能取得非凡的成绩。因为不管外界如何变化，不管讲什么、怎样讲，只要是在自己的掌控之中，就一定能够展现出自己的才能来打动听众，感染听众，说服听众，获取听众的信赖。

每个人的演讲都可以不同，大家没必要去作同样的演讲，因为这就像很多人都挤在同一条船上一样，肯定会拥挤、堵塞。尽管去作自己的演讲，哪怕被别人批评、指责，也不要担心。要勇于往前看，勇于打破常规，勇于坚定自己的信念，勇于掌控自己的演讲，才是演讲中最大的成功。

成功的演讲就是始终要相信自己，不被他人的思想所左右。而且演讲要有始有终，演讲者也要有责任心，有分寸，能够做到有条理、抓重点，最终才会出效率、见成果。这不仅仅靠演讲者认真负责的态度，还依靠完整的掌控。完全掌控演讲的演讲者，才会有超强的直觉和自信心，才会有锐利的眼光，能够在演讲的过程中完整地主宰一切。

这样的演讲者，具有足够的智慧、修养和才气，拥有自己独特的逻辑思维，不会轻易地被别人的意见动摇，被别人的意见左右。在必要的时候也会做出适当的调整，进一步地完善自己的演讲。这样的坚持不是一意孤行，而是在重要问题上坚定信念。要想获得演讲的成功，就得坚定自己的演讲，这既是一名演讲者成熟的表现，也是演讲成功的基本要求。

演讲要有始有终

好的演讲是一件有始有终的事情。有始有终的演讲，不仅精彩，还蕴含着无限的魅力。

因为它并不只是一种演讲技巧，还是一种充满智慧的思维方式。生活中，我们遇到的不完美与不公平的事很多，也有很多的遗憾，往往失去后才知道它的珍贵，这让我们懂得有始有终是很重要的。演讲是一件很严肃的事情，不能着急，更需要慢慢来，慢慢琢磨，有始有终，才能有所收获。

我记得第一次上台演讲的时候，特别紧张。虽然我在下面已经准备了很长时间，老师和同学们也给了我很多的鼓励，但是依然紧张得不知所措。甚至在上台之前就已经开始变得紧张、恐惧，那是对即将开始的演讲唯一的感受。上台后，除了紧张和恐惧，大脑几乎是一片空白，那些背诵了无数遍的演讲词全部忘掉了，好不容易想起来几句，讲着讲着又因为控制不住的紧张而难以进行下去。我当时的感觉就是赶快讲完算了，于是我讲得很快，急着要把最后一段话讲完，这样我就可以下台了。因为老师一再地告诫我们：当你站在演讲台上面对听众时，绝不可以中途而退，那是对听众最大的不敬，就算是临时瞎编，也要编到最后，编到演讲结束。

我第一次参加的那场演讲，给我唯一的感觉就是非常的紧张。我都不知道自己是怎么走下台来的。那种煎熬的感觉，让我刻骨铭心。其间我曾经忍不住就要中途退场，但是看到老师那双严厉的眼睛时，我很害怕。所以我就一直强忍着，忍到了最后。

几乎每一个初次上台演讲的演讲者，都对这种在紧张里挣扎，而且谁都指望不上，只有靠自己的体验终生难忘。即使你讲得磕磕绊绊、断断续续、前言不搭后语，也没关系，只要你能讲完，讲完了就能下来。这是培训课老师对我们的要求。哪怕是三言两语，老师也要求我们演讲必须有始有终。

慢慢地，我过了那段紧张的时间，才深切地体会到演讲必须有始有终的好处。因为它可以帮助我们慢慢地来克服紧张、消除紧张，让我们思考怎样用一种理性的思维，来抵御各方面的侵扰。然后我们会有一个从紧张到镇定，最后到自然从容的过程。这个时候你就会发觉，其实一切不过如此，自己还是可以完成演讲的。而主要的原因就是自己潜意识里希望演讲要有始有终，不可以半途而废，所以自己不再紧张。而这种潜意识的想法使我们终于战胜了自己，它实在是功不可没。

不仅如此，演讲要有始有终对我来说意义非凡，这可以让我懂得不管做什么，都不能半途而废。它始终在鞭策着我，给我坚定的信念，帮助我做到完美，成为一个有责任心、有担当的人。尤其是在演讲的时候，不管碰到多大的困难、受到多大的影响，不管自己多么想放弃，也因为坚持演讲一定要完整，要有始有终，而从容地演讲下去。因为做任何事情一定要有头有尾，有始有终，是如诚实、正直、勤劳、自立等一样真正美好的品质，自然都能得到人们的赞扬。演讲者因为从事了这份特殊的职业，于是就拥有了这份特殊的品质。

还记得一次晚上演讲时，因为中途突然停电，听众们开始骚动起来。很多听众说：“这么黑还听什么呀？”于是很多的听众都走了。这时就有人向我喊：“还要讲下去吗？”虽然没有了麦克风，我还是大声地告诉他们演讲继续。因为这场演讲已经开始了，哪怕是剩下最后一个听众，身为演讲者，我也有责任为这唯一的听众演讲下去。

于是，我站在黑暗的演讲台上，面对黑暗的大厅，面对来来往往的听众们，面对正在抢修电路故障，不断制造出各种声响的演讲现场，始终镇定地、大声地坚持着我的演讲。当演讲到最后时，我哽咽着几乎无法讲下去，但我仍然强忍着，坚持讲完最后一个字。当我躬身致谢时，早已是泪流满面，感动不已，为大厅里仅有的三个听众，也为我自己。而那三个听众，我们一直都保持着联系，直到现在大家都是最忠诚、最值得信赖的朋友。

这就是做事有始有终、不半途而废的魅力，它可以让你收获很多东西。

后记　享受灵性的脱稿演讲艺术，创造出快乐的人生

有些文字，天生带着灵动的色彩，读之朗朗上口，让人感觉芬芳、透亮、脉络清晰。也有些声音，有着与生俱来的美妙，让人听之心里一惊。天生的美妙的声音，让人越听越迷、越听越喜欢，如仙乐般悠悠飘来，刹那间让你沉醉进去，似听到天籁，身心都融入那魅人的声音里，让你爱极了这样的文字和声音。于我来说，人生最有趣的事情，就是读书和听演讲。听一场精彩的演讲，尤其是听一段震撼人心的脱稿演讲，看着演讲者丰富的面部表情，优雅的举止，那抑扬顿挫的语调，趣味十足的言辞，更显生动活泼，洒脱恣意，充满波澜壮阔的艺术性和激情昂扬的动感，总是令聆听者激赏称赞，身心愉悦，让聆听者享受着演讲的精彩、洗礼和熏陶，将眼睛看到的、耳朵听见的或内心感觉到的东西，化作心灵的启迪、思想上的觉悟，从而丰沛情感，领略纯真，品尝生命演绎的芳香。就算是一场听得不大懂，不是太关切自身的演讲，也忍不住想要去听，忍不住被这种演讲的魅力深深吸引，感到振奋，从而让自己沉迷在这场演讲里。因为这样的演讲，充满灵性，是脱稿演讲最大的艺术魅力。它常常携带着情感的激流、理性的波涛，流淌进听众的内

心，涤荡着听众的精神世界，唤醒听众对这个世界至善至美的美好追求和向往。

多少人，哪怕走过千山万水，历经沧海桑田，到最后要回归的依然是生命的本质，渴望能在俗世迷雾中听见灵魂的声音，能在纷纭复杂的现实生活中有所顿悟，能在声情并茂的聆听中感受人生的生动情趣，能在赏心悦目的演讲中享受灵魂的愉悦。如果没有脱稿演讲的奇妙声响，生活将会是多么乏味呀!

幸有脱稿演讲，对我们来说，这一世才活得足够精彩。人离不开演讲，犹如鱼离不开水。就像著名散文家朱自清曾说："人生不外言动，除了动就只有言，所谓人情世故，一半是在说话里。"不管是去做演说家，还是去做听众，谁的生活都离不开演讲。曾经，演讲作为一门精致的艺术，有严格的限制，有一定的演讲方式。那时候的演讲，循规蹈矩，必须遵守规定的要求。而如今，演讲就似一种交谈，不断地将交谈的范围扩大，扩大，再扩大。从前那种边说边唱的演讲方式和如雷贯耳的声音，随着光阴的流逝，早已烟消云散。人类已经步入新的世纪，今天的科技与信息革命汹涌澎湃，整个世界正在变成"地球村"，人与人之间的关系不再遥远、生疏，交流变得越来越密切，人们越来越离不开演讲。

会演讲的人，可以随时随地来场即兴演讲，给听众中听、舒服、入心的感觉，好像演讲者讲得也很简单、轻松、自然。但是当你也遇到这种需要当众演讲的时候，才知道不是那么容易。演讲蕴含了一定学问，深藏着交流艺术的学问。不久前，我看过本口才书，名曰《说话的艺术》，道出许多演讲的艺术经验。然而，真到演讲的那一刻，哪里还想得着这些“艺术”？演讲是最无法遮掩的，常常是讲着讲着就原形毕露。那么是不是“言多必失，少说为妙”呢？如果本来就不怎么会讲，再少讲、少练习，怕是更不会讲、讲不好了。生活中我们常见到那些不善于演讲的人，讲个话吭吭唧唧的，哪怕只说一句两句，也说不好。这就犹如不会写文章的人，好不容易憋出来三五句，也是前言不搭后语。而洋洋洒洒地写出长篇大论的人，让你看不到有什么可有可无的句子，句句皆精彩。

因此，要想演讲好就要平日里多多练习，多多讲，讲得多了，自然而然地就会讲了。会讲了，讲好了，通过演讲来取得成功，这样的成功才来得直接又准确。因为演讲的水平是事业成功的关键之一，事业的成功与失败，常取决于演讲的水平。比如富兰克林自传中有这样一段话：“我在约束自己的时候，曾有一张美德检查表。当初那表上只列着十二种美德。后来，有一个朋友告诉我，说我有些骄傲，这种骄傲，常在谈话中表现出来，使人觉得盛气凌人。于是我立刻注意这位友人给我的忠告，我相信这足以影响我的前途。然后我在表上特别列上虚心一项，我决定竭力避免说出一切直接伤害别人感情的话，甚至禁止自己使用一切确定的词句，像‘当然’‘一定’‘不消说’……而以‘也许’‘我想’‘仿佛’……来代替。因为演讲关系着事业的进展，你如果出言不慎，跟别人争辩，那么，你将不可能获得别人的同情、合作与助力。”这是千真万确的，要想获得事业上的成功，必须具有能够应付一切的口才。于是，脱稿演讲应运而生，演讲者与听众可以面对面地、平等地倾心交谈，这是这个时代最受欢迎和青睐的交流方式。大家可以一起心平气和地谈谈工作、讲讲经验、说说心得，诚心诚意，不抱任何成见，彼此团结、敬重、关心、支持。这样的演讲该有多温馨和谐，有多美好坦诚！不管是高高在上的演讲者，还是众拥群簇的听众，都喜气洋洋、热情融洽地彼此相待。这就是脱稿演讲独有的魅力。

脱稿演讲说到底是件“众乐乐”的事情，需要与众人分享、与众人一起欢悦，重要的是使自己成长。因此一定要作好自己的演讲，勇于探寻自己知识和能力的上限。学会欣赏自己，相信自己，试着把自己最亮丽的一面找出来，并呈现给听众。

听众的眼睛是雪亮的、耳朵是敏锐的，只要你有心去讲，用心去讲，就能打动听众。只要你去掌握一些脱稿演讲的技巧，多练习、多实践、多琢磨，多讲讲生活里的真情实感，就可以成功。众所周知，没有哪个人是天生的演讲家。演讲是后天的，是主观的，是可以练出来的，是我们生活中不可或缺的一种能力。和演讲一样，看似很简单，但要把说话讲成演讲，讲得有水平、有意义、有魅力，也不是那么简单的事情。如要再做到口吐莲花、能言善辩、巧舌如簧、打动人心，就更加不容易了。

俗话说“一句话让人跳，一句话让人笑”，演讲能力的高低体现着演讲者的内涵、素质。这是一门技术，更是一门艺术。讲究艺术的演讲者，讲出的话说理恳切，举事言简意赅，措辞精确，喻事明朗。每一字、每一句，都轻重有度，褒贬有节，游刃有余。整场演讲可陶冶情操，可为济世之良药，充分体现出演讲者的深厚素养，不仅能够提高演讲者的社会地位，还能创造出快乐的人生。

这样的演讲者，大都受过良好的教育，性情和修养都是好的。性格总是积极向上，心情愉快。不管演不演讲，脸上依然有笑容，神情依然很温柔，总是谦和、有担当，从不会摆一副冷面孔，从不会有情绪上的困扰和不切实际的空想。在演讲的过程中，也是且讲且珍惜，宽怀为人，不去计较、较真。毕竟人无完人，谁能做到那么完美呢？千注意万用心，也有失言的一刻。与其惴惴不安，不如积极面对，担下该承受的，笑容满面地去面对。比起争胜好强，有勇气有担当说我错了的人，到底还是值得欣赏、值得尊重的。他们知道什么话该怎么讲：比如欣赏的，会给予衷心的赞扬；有看法的，会委婉地加以提醒，给别人足够的面子，不会严厉谴责。

这样的演讲者，总是那么温和得体地面对每一件事情，可以从不同的角度进行剖析、谅解、认可，是真正懂得演讲艺术的演讲者，能带给听众光明、温暖，使人有“听君一席话，胜读十年书”的感觉。相反，不会演讲的演讲者，则会被人低估、鄙视、厌弃。尤其是生活中，总有些人说话毫无顾忌，有什么讲什么，不善于细究说话的艺术，不顾及别人的心情，看到别人的缺点，就毫不留情地指出来。这些人性格虽直率，却总是让人受不了。因为每个人的行为不管好与坏，都有其原因，哪怕你不赞成，也不可肆意批评，更不可坚决否定对方，伤了对方的自尊。还有些人，讲个话拐来拐去，明里暗里的，该挑明的也不挑明，讲得含含糊糊，拖得人失去耐心。这样的人，也是不懂得演讲艺术的。

要想演讲成功，就需要掌握演讲的艺术。演讲的艺术可以改变人的一生。比如说需要求职，需要去应聘工作的时候，就会有面试，或者重要的晤谈，这样的场合演讲很有讲究，对方一听就能听出来你知识是渊博还是肤浅，会迅速检验出你所受的训练、教育及能力的优劣程度。因此，要想成功，你就得事先学会如何推销自己，如何对过激的问题不卑不亢地回答，如何具备循循善诱和口若悬河的谈吐，如何在必要时来一场唇枪舌剑的辩论……这些口才的基本功，不仅对作演讲有用，还对做商业，或者做营销管理都有用。口才都是每个人都应该具备的基本能力，因为我们不管做什么事情，都离不开与人交往，交往就离不开演讲，演讲无时无刻不在伴随着我们的生活，体验着人生的酸甜苦辣。所以我们要学会好好演讲。把话讲好了，不仅可以丰富自己的生活，发展事业，使家庭和谐，也可以实现自我。

即便是一个极平凡普通的人，只要掌握了演讲的艺术，一样能够舌绽春蕾，化险为夷，赢遍天下。因为这种舌尖上的力量是无穷的，足以震撼人心，令人臣服。就像古希腊著名的寓言大师伊索，年轻时曾在一贵族家当过奴仆。有一次，主人设宴，来者多是哲学家，主人令伊索准备最好的酒肴待客，伊索便专门收集各种动物的舌头，办了个“舌头宴”。开餐时，主人大吃一惊，问道：“这是怎么回事？”伊索不慌不忙地答道：“您吩咐我为这些尊贵的客人办最好的菜，舌头是引导各种学问的关键，对于这些哲学家来说，舌头宴不是最好的菜吗？”客人听罢，个个发出赞叹的声音。主人又吩咐伊索说：“那我明天再办一次酒席，菜要最坏的。”次日，开席上菜时，依然是舌头。主人见状，大发雷霆，问伊索缘由。伊索仍然不慌不忙地回答：“难道一切坏事不是从口中说出来的吗？舌头既是最好的东西，也是最坏的东西啊。”

还有明代朱元璋的故事。有位儿时的穷伙伴来求见开国皇帝朱元璋。他一进大殿，便顶礼膜拜，高声道：“我主万岁！当年微臣随驾扫荡庐州府，打破罐州城。汤元帅在逃，拿住豆将军，红孩子当兵，多亏菜将军。”原来朱元璋出身贫寒，曾和那些儿时的伙伴们摸爬滚打地在艰苦的底层生活，正是因为那些不堪的经历，最终砥砺出其过人的胆识，几经风云际会，成就了一代霸业。但今日已不同往昔，作为皇帝，朱元璋自然不想把过去的不堪在文武百官的面前一一讲起，失了颜面。所以这位当年的穷伙伴巧妙地把当年为了果腹的种种卑微，说得如此动听含蓄，让朱元璋听得激动不已，想到当年饥寒交迫时大家有福同享、有难同当的情形，立即重重封赏了这个老友。消息传出，都说皇帝很念旧情，于是当年一起放过牛的伙伴也前来求见朱元璋，谁知却在金殿上大声讲："我主万岁！你不记得了吗？那时候咱俩都给人家放牛，有一次我们在芦苇荡里，把偷来的豆子放在瓦罐里煮着吃，还没等煮熟，大家就抢着吃，把罐子都打破了，撒下一地的豆子，汤都洒在泥地里，你只顾从地上抓豆子吃，结果让红草根卡在喉咙里，还是我出的主意，叫你用一把青菜吞下，才把那红草根带进肚子里。"听得朱元璋又气又恼，愤慨地喝令左右："哪里来的疯子，来人，快把他拖出去砍了！"此一时，彼一时，局势大变，哪里还有昔年旧日的同甘共苦，天子一怒，江山俱震。一样的内容，怎么说得好听，对人类来说，还真是一门学问。

鉴于此，许许多多有关演讲艺术的书籍畅销不止，从理论到练习的基本途径、技巧，再到实战上的例证，琳琅满目。我在书店曾接待过很多的顾客，希望得到我的推荐，因为他们不知道该选哪一本好。其实不管是哪一本书，不管它是针对求职面试、求人办事、演讲还是谈判，不管它有多么的畅销，都不一定能够助你成功。因为它的用处，只能是供你借鉴。是否实用，只有当你用了之后才会知道。况且，书本里的那些知识和理论，如果你只背诵在你的脑海里，打不开你的心扉，也是无用武之地的。

近代美国诗人弗洛斯特从说话的角度，把一般人巧妙地分成两类：第一类是满腹经纶，却说不出来的人；第二类是胸无点墨，却滔滔不绝的人。生活中，不乏这样的人。我们经常看到一肚子学问而讷于雄辩的人，也时常听见不学无术的人废话连篇。真正会谈话的人需要有充实、有价值的内涵，又要善于表达，听得人痛快，讲得人通透。比如说那种厚积薄发的“有话可说”，那种了然于胸的“言之有物”，都是在生活中不断学习，不断充实自己，然后用心培养出来的境界和情趣。听这些人演讲，如同一剂薄荷，含在嘴里，沁进心扉，能够把寻常的事物也赋予灵性，然后生动地表达出来。这样的人走到哪里，总会感染他人，总会比一般人拥有更多、更好的发展机会，获得更多的赞赏和支持。尤其在当今社会，交谈艺术是为人处世的第一要诀，需要特别下功夫。就像律师出身的美国参议员，也是美国最著名的演说家之一的戴普曾经说过的：“世界上再没有什么比令人心悦诚服的交谈能力更能迅速获得成功与别人的钦佩了，这种能力是任何人都可以培养出来的。”然而这种能力，不是从书本上培养出来的，是通过自己不断地练习，用心培养出来的。什么话都可以好好讲。不管是好话还是不好的话，只要好好地讲，就会让听众心里称赞，得到听众的拥护和爱戴。所以在这本书里，大家看不到有多少有用的实例，也没有多少的练习途径和技巧，除非必要地点出几点必需的、基础的练习方法，更多的是体会、觉悟和灵性的探索。

唯有充满灵性与创新的演讲，才能打动人心。比如“熟读唐诗三百首，不会写诗也会吟”，不是真要将唐诗三百首倒背如流，而是要多多地阅读，把书读活才能有灵感、增悟性、开窍。把演讲讲活，才能讲出打动人心的言语。而打动人心的言语大多是来源于生活的，只有那些充满生活气息的言语，才可使一场演讲充满灵性和魅力。演讲是可以把世间万物的灵性集于一体，酝酿出人间最具智慧的花朵和果实，体验出对美好事物追求的内在快乐的。它可以让听众越来越陶醉，越来越享受。这种灵性的魅力，不仅充满灵气，而且善于挖掘，善于启迪听众的灵性。所有的脱稿演讲者，都应该具备这种素质，能够将语言讲得充满灵性，打动听众的心。只要你的演讲充满灵性，哪怕没参加过训练，没学习过演讲的技巧，没接触过这方面的专业培训，平时从事的也是和演讲完全相反的专业，可一旦来作脱稿演讲，善于发现并给听众带来启迪，发现闪光点，一样可以演讲得很好。哪怕你的演讲是满口方言，普通话极不标准，只要在慧悟点拨方面相当出色，寥寥数语也能使听众们茅塞顿开，一样可以以你的方言将这场演讲讲得有声有色，讲得波澜生辉，获得演讲的成功。也就是说，灵性演讲不必满足于口才教材的培训，心灵的开窍比教材上的各项技巧和方法都管用。只要打开心扉，更多地去贴近生活、用充满灵性的情感和语言来感化听众、吸引听众，就能帮助演讲者摆脱平凡，取得演讲的成功。

脱稿演讲之所以比读稿演讲更有魅力，更能打动听众的心，靠的就是脱稿之后的灵活发挥、演讲灵活。这样的演讲，字字句句更具有思想、内涵和艺术性。让人猛一听觉得简单素朴，再一听却发现字字如珠玑，句句入肺腑，有如金丝玉帛般悦耳动听，暮鼓晨钟般地警世醒人。那么丰富的内涵、深刻的哲理，真是寓意无限，令人回味无穷。充满灵性的演讲可以直抵听众的心灵，开启心灵的窗口。如果把心灵的窗口打开，哪怕是一片无声的落叶、一朵不起眼的小花、一株柔嫩的草儿、一道从枝丫间反射过来的微弱的光芒，都是美的，都可以通过灵性的语言，使听众惊异地听到大自然里的这些温馨、生动。在我们日复一日的平凡日常里，不仅可以欣赏到这些美景，还能让心灵与之对话，让身心沉浸在这样美好的事物里。

蓦然，你会发现原来这些美好的事物就栖息在我们心灵的窗口，始终注视着我们、陪伴着我们、滋养着我们，无时无刻不在与我们交流。而我们却很少去感觉，总是匆忙急躁地忙活着，身旁时刻充斥着纷纷扰扰的事物，奔波在都市繁华生活中，感到困惑和迷茫，无暇去感受阳光照耀大地时的生动有趣，去享受流淌着阳光的温暖情怀，渐渐地迷失了本性，迷失了灵性，缺少了感悟生活的情怀和愉悦。只有当我们回归到最初，回归到生命的本质，打开心扉，才能发现这头上的天空是多么广阔、美丽：由远及近，那雪白的云朵，阵阵的清风，一排排的树，一朵朵美丽的小花……这些随时随地可见到的平淡无奇的景物，带给我们如此美不胜收的感受，深深地感动我们。

为此我衷心希望广大读者朋友们，在阅读完本书后能练就高超的演讲本领，靠的不是生搬硬套的途径和技巧，而是充满灵性的创新和演讲。在此，我真心希望本书能帮你打开心扉，以开放的思想和感悟，让你学会接纳世上的一切，走进生活，去观察、体验、感悟，从而创新，开发出灵性的思维和语言，打开一片更加开阔的演讲天地，创造出充满智慧和快乐的人生。